経営理念を活かした

グローバル**創造**経営

現地に根付く日系企業の挑戦

井手 芳美=著

水曜社

経営理念を活かしたグローバル創造経営

現地に根付く日系企業の挑戦

まえがき

　グローバル化と経営革新が進む中、経営資源の中で最大の潜在能力をもつのは人、とりわけ変革を担うグローバル人材である。多様な文化や価値観を有する彼らの力を、最大限活かすには何が必要であろうか。それは、彼らの思いと活動のベクトルを合わせることではなかろうか。そのためには、経営の核心を明示化して価値共有を図ることが不可欠となる。

　その役割を担うものこそ、経営理念に他ならない。経営理念は、大きな障害や経営危機に遭遇した時に、原点に立ち返る羅針盤となるが、それだけではない。むしろ、自己変革に向けて人的資源の質や求心力を高め企業の発展を促す指標として捉え直すことができる。

　本書は、経営理念を価値共有の土台に据えてグローバルに生き抜く「創造的経営」を提示し、そのモデルの具現化さらには普遍化を試みたものである。

　創造的経営とは、日本的経営の本質と限界を捉えつつ、会社の経営核心である経営理念を基本的価値共有の軸に、グローバル視点に立って創意的に経営、人づくりを目指す持続可能なグローバル経営と考えている。

　4つのキーワード、すなわち「日本的経営」、「経営理念」、「グローバル経営」、「創造的経営」を軸に、経営理念および人的資源管理の視点から、日本的経営とその現地化に光をあて、日本的経営の21世紀モデルとして捉え直してみたい。

　グローバル視点からみる先進的な日本企業の特徴は、経営理念を軸に、経営方針から日常業務に至るまで浸透・具現化を図ることにあり、それを地道に継続的に続け、地域に根ざすプロセスにある。そのアプローチを体系的にまとめ、「経営理念を現地現場に活かす思想と展開モデル」として具現化・普遍化を図ったことに、本書の眼目がある。

　本書は、2015年6月に博士（経営学）を名古屋学院大学より授与された博士論文（「中国の日系企業にみる創造的経営と人づくり―「経営理念」を活かしたグローバル化の新地平―」）をたたき台にしている。その後、さらに1年かけて洗

練化を進め普遍化を図り、コンパクトに編集したものである。本書が、日本企業だけでなく現地における日系および国内企業の経営や人づくりに役立ち、少しでも貢献できることを心より願っている。

　最後に、博士論文の作成から本書出版に至るまで、ご支援・ご指導いただいた皆様へ心より感謝を申し上げたい。

井手　芳美

目次

まえがき

序章　経営理念をグローバルに活かす創造的経営 ……… 13
　　　　──中国日系企業にみる創意的な経営と人づくりに学ぶ

1. 今、なぜ経営理念がグローバルに問われるのか ……… 14
　　1.1　グローバル視点から日本的経営を問い直す ……… 14
　　1.2　中国で問われる日系企業の経営のあり方 ……… 14
　　1.3　経営理念と「創造的経営」への視座 ……… 16

2. 「創造的経営」の基本視点と骨組み ……… 17
　　2.1　日本的経営の原点とグローバル展開──本書のねらいと構成 ……… 17
　　2.2　経営理念を現地現場に活かす思想と展開モデルの骨組み ……… 18

第1章　経営理念の進化とグローバル化 ……… 21
　　　　──トヨタの事例を中心にして

1. はじめに ……… 22

2. 経営理念へのグローバルアプローチ ……… 23
　　2.1　経営理念の意義 ……… 23
　　2.2　経営理念とは何か ……… 24

3. トヨタにみるグローバル化と経営理念の史的展開 ……… 25
　　3.1　トヨタのイノベーションと経営理念 ……… 25
　　3.2　経営理念の新次元化──国際社会に信頼される企業市民 ……… 26
　　3.3　地域にねざしたグローバル経営──グローカル化に向けて ……… 28
　　3.4　チームワーク重視の課題 ……… 31

4. トヨタ経営にみる経営理念の位置づけ ……… 31
　4.1 第二次世界大戦後の経営危機による労働争議 ……… 32
　4.2 世界に通用する基本理念を制定 ……… 33
　4.3 トヨタ再出発の日 ……… 33

5. グローバル戦略にみる日本的経営と経営理念の位置づけ ……… 34
　5.1 日本的経営と経営理念の位置づけ ……… 34
　5.2 グローバル戦略にみる経営理念・経営戦略・経営計画の関係性 ……… 35

6. おわりに ……… 37

第2章　グローバル視点からみる 日本的経営の特徴と課題 ……… 41
　── 米国・中国への現地展開の比較をふまえて

1. はじめに ……… 42

2. 日本的経営にみる評価の変遷 ……… 44
　2.1 1950年代後半〜1970年代の日本的経営の評価 ……… 44
　2.2 中根による「場の共有」論 ……… 45
　2.3 島田による日本的経営の普遍性論 ……… 45
　2.4 十名による人的役割論 ……… 46
　2.5 野中・竹内による日本的経営の再評価としての『知識創造企業』……… 46
　2.6 荒川による中国日系企業への適用モデル論 ……… 47

3. 日本的経営の長所と短所 ……… 48
　3.1 日本的経営にみる長所 ……… 48
　3.2 日本的経営にみる短所 ……… 49
　3.3 日本的経営の課題 ……… 49

4. 日本的経営の米国展開への挑戦 ………… 50
　4.1 トヨタの米国展開への挑戦 ………… 51
　4.2 米国現地経営にみる光の側面 ………… 52
　4.3 米国現地経営にみる影の側面 ………… 54

5. 日本的経営の中国展開と課題 ………… 57
　5.1 東芝にみる中国展開への事例 ………… 57
　5.2 中国現地経営にみる光の側面 ………… 57
　5.3 中国現地経営にみる影の側面 ………… 60

6. グローバル視点からみた日本的経営の強みと弱み ………… 63
　――特徴と課題へのアプローチ
　6.1 現場労働者管理にみる日本的経営の強み ………… 64
　6.2 ホワイトカラー管理にみる日本的経営の弱み ………… 64

7. おわりに ………… 65

第3章　日本的経営の先駆的な理念とモデル ………… 69
――信用重視型経営理念の源流と融合的展開

1. はじめに ………… 70

2. グローバル感覚を備えた渋沢栄一の生涯 ………… 71
　2.1 幼少期・青少年期の儒教の学びによる人格形成 ………… 71
　2.2 ヨーロッパ視察の好機 ………… 71
　2.3 合本主義の実現 ………… 73

3. 渋沢栄一にみる人づくりと信用の源流 ………… 74
　3.1 日本における経営理念の変遷 ………… 74
　3.2 信用づくり ………… 75
　3.3 『義』と『利』の表裏一体 ………… 75

  3.4　渋沢栄一と人づくり ……………… 76

4．森村市左衛門の経営モデル ……………… 78
  4.1　「独立自営」の森村組 ……………… 78
  4.2　森村組精神とは何か ……………… 79
  4.3　信用と事業の公益性 ……………… 80
  4.4　率先垂範で社員に教育 ……………… 81
  4.5　渋沢栄一と森村市左衛門の経営理念にみる共通点と相違点 ……………… 82
    ——渋沢栄一の「拡大」経営と森村市左衛門の「深掘」経営

5．IBMにみる経営理念の変革 ……………… 84
  5.1　IBMの誕生 ……………… 84
  5.2　ワトソン・シニア、ジュニア父子の経営モデル ……………… 85
  5.3　巨額の損失とガースナー変革 ……………… 87
  5.4　パルミサーノの変革 ……………… 88
  5.5　IBMの経営理念にみる「守・破・離」の展開 ……………… 90
  5.6　総括——渋沢栄一・森村市左衛門・IBMにみる日本的経営とは ……………… 91

6．おわりに ……………… 92

第4章　中国改革開放以降の工業化にみる労働環境の変容と課題 ……………… 97
——英・日・中の歴史的比較視点をふまえて

1．はじめに ……………… 98

2．工業化にみる英・日・中労働環境の変容比較 ……………… 100
  2.1　イギリスの工業化にみる労働事情 ……………… 100
  2.2　日本の工業化にみる労働事情 ……………… 101
  2.3　中国の工業化にみる労働事情 ……………… 103
  2.4　英・日・中の労働環境の変容にみる比較分析 ……………… 104

3. 中国出稼ぎ労働者の現状と課題 ……… 108
　3.1 農村部と都市部の格差拡大と戸籍問題 ……… 108
　3.2 中国出稼ぎ労働者の実態 ……… 115
　3.3 沿海都市部での労働者不足と賃金上昇 ……… 117

4. 中国「労働契約法」にみる現状と課題 ……… 120
　4.1 中国「労働法」の変遷 ……… 120
　4.2 中国「労働契約法」制定の背景 ……… 121
　4.3 中国「労働契約法」の概要 ……… 121
　4.4 中国「労働契約法」にみる意義と限界 ……… 122

5. おわりに ……… 125

第5章　日系企業にみる中国現地経営の現状と課題 ……… 131
　　　　――自動車部品メーカーの調査をふまえて

1. はじめに ……… 132

2. 先行研究にみる中国現地経営の課題 ……… 133
　2.1 1990年代後半の先行研究にみる課題 ……… 133
　2.2 2000年～2010年までの先行研究にみる課題 ……… 133
　2.3 2011年以降の先行研究にみる課題 ……… 135

3. 日系企業の工場経営にみる労働倫理の課題 ……… 136
　3.1 中国日系企業にみる進出の推移 ……… 136
　3.2 日系自動車部品メーカーの概要 ……… 137
　3.3 中国現地法人の労務管理面にみる現状と課題 ……… 141
　3.4 人間重視の工場経営 ……… 145

4. 日中における企業倫理の原点と課題 ……… 147
　4.1 日中にみる経営思想の原点回帰とそのインパクト ……… 148

4.2 中国にみる企業倫理の新たな潮流 ………… 149
4.3 企業倫理と経営理念に基づく人づくり ………… 149

5. おわりに ………… 150

第6章 中国の日系企業にみる経営理念の具現化 ………… 153
―― ハウス食品（上海）の創造的モデルに学ぶ

1. はじめに ………… 154

2. ハウス食品にみる経営理念の史的展開 ………… 155
   2.1 ハウス食品のあゆみ ………… 155
   2.2 創業者の熱い思いを込めたハウス食品の経営理念 ………… 156
   2.3 経営理念をベースにした行動指針
       「ハウス食品の意（こころ）」の明示化 ………… 157

3. 経営理念を現地に活かすアプローチ ………… 159
   ―― 日系企業の現地総経理経験者へのヒアリングをふまえて
   3.1 ハウス食品の中国上海進出 ………… 160
   3.2 中国における経営理念の浸透 ………… 161
   3.3 工場見学で「開かれた経営」―― 企業市民化 ………… 165
   3.4 地域密着型の営業戦略 ―― グローカル化 ………… 168
   3.5 中国にみる創業者理念の開花 ………… 170

4. 経営理念を現場に活かすアプローチ ………… 171
   4.1 人間尊重・平等主義による友好化 ………… 171
   4.2 やる気を引き出すための個別化 ………… 172
   4.3 円滑なコミュニケーションによる信頼関係の構築 ―― オープン化 ………… 175
   4.4 経営努力による市場創出と拡大 ………… 178
   4.5 品質管理にみる課題と今後の展開 ………… 178

5．おわりに ……… 179

終章　経営理念をグローバルに活かすモデルの創造 …… 183
　　　　──具現化から普遍化への展開と課題

1．変化の時代を生き抜く ……… 184

2．経営理念をグローバルに活かすプロセス ……… 184
　　──「骨組み」・「具現化」・「普遍化」への展開

3．現地現場に活かす基本モデルの骨組み ……… 185

4．現地現場に浸透させる具現化モデル ……… 186

5．現地現場に活かす展開モデルの普遍化と思想 ……… 186

6．残された課題とは何か ……… 188
　　6.1　実践モデルの更なる検証と追究 ……… 189
　　6.2　日系企業の残された課題への継続的研究 ……… 190
　　6.3　経営理念のより広範囲な比較分析と掘り下げ ……… 191
　　6.4　日本的経営論の体系化と21世紀モデルの創造 ……… 191

参考文献 ……… 192
あとがき ……… 196
索引 ……… 198

序章

経営理念をグローバルに活かす創造的経営

中国日系企業にみる創意的な経営と人づくりに学ぶ

1. 今、なぜ経営理念がグローバルに問われるのか

1.1 グローバル視点から日本的経営を問い直す

　筆者は、2002年から2006年までの3年半、中国上海の日系コンサルティング会社に勤務していた。中国での3年半の勤務は、まさに異文化体験の連続であった。駐在した頃は、遅刻しても、「遅刻ではない」という中国人社員、情報共有せずに勝手なことをして、どう見ても問題があるのに「問題ない」という中国人社員、給与の不満を直接社長に問う中国人社員、「辞めます」と言って翌日から出勤しなくなる中国人社員など、全く理解ができなかった。

　一方、中国人社員からも、日本人社員は礼儀、規則に厳しいこと、サービス残業があること、日本本社にお伺いを立てないと決められないこと、家族よりも仕事中心の会社人間になって働いていることなどが理解できないと言われた。

　日本人と同じ顔の色、髪の色をもつ中国人であるにもかかわらず、このように双方は文化、習慣、価値観に大きな違いがある。そこには、日本的経営が抱える光と影の両側面が映し出されているようにも感じられる。

　いずれにせよ、そのような違いを目の当たりにするにつけ痛感し、漠然とながらも次のように思っていた。互いの多様性を受け止めながら、同じ会社の社員として上手く融合し仕事ができるためには何が必要であろうか。支柱となる共通な価値をもつことではなかろうか。

　これらの問題意識は、グローバル視点から日本人の働き方さらには日本企業の経営を問い直すことを意味する。さらには、かつて論壇やマスコミを賑わすも今や忘れられた感すら漂う「日本的経営」論に光をあて、日本的経営とは何か、どうあるべきかを、グローバル視点から問い直してみたい。

1.2 中国で問われる日系企業の経営のあり方

　東アジアにおける急速な経済成長とグローバル化は、日本企業の経営のあり

方、さらには現地経営の展開とそのあり方に、如何なる課題を提起しているのであろうか。とりわけ、中国における日系企業の経営に焦点をあて、掘り下げてみたい。

　日本企業の海外直接投資が激増し、日本企業全体のグローバル化が進んだのは、1980年代以降のことである。日本企業のグローバル化は、まず貿易摩擦の回避に向けて、欧米への進出から始まった。欧米の経営や仕組みを学びながら、日本的経営の強みを発揮し、現地での適用、適応を図った。そして、1985年のプラザ合意による円高の進行と人手不足によって、東アジアへと進出が加速した。

　1990年代に入るや、日本企業は、対外開放政策を進める中国の認識を深化させ、中国への進出を活発化させた。当時の日本企業にとって中国に進出する主な目的は、安くて豊富な労働力を活用して生産コストを引き下げることにあった。それゆえ中国への進出は、日本の生産現場の経営手法、優れた技術やノウハウの移転という傾向が強く表れた。

　しかし、その後における中国経済の急成長に伴い、2005年以降の大幅な賃上げ、人民元切上げ、輸出優遇税制の削減等を背景に、中国の生産コストは急速に上昇した。その結果、2010年以降は、特に中国の所得水準が顕著に上昇するなか、中国の「世界の工場」としての魅力は弱まりつつあり、巨大市場に向けての販路拡大の動きが日本企業の主目的へと変化している。

　中国では、経済社会が急速かつ大きく変化するも、日本企業の現地経営のあり方はあまり変化がみられなかった。それが、日本人管理者と現地従業員との相互理解を妨げ、現地での諸問題の発生要因の1つに繋がっていると、筆者は現地で感じとっていた。

　国民の所得水準が向上し、経済・社会構造も大きな変化がみられる中国に対して、日本企業は、単に製造拠点としてではなく、巨大市場として捉え直し、如何に向き合い、現地での企業経営を進めるべきかが改めて問われている。そのような視点から中国における企業経営のあり方を考えた場合、欧米と向き合うのとは違う意味をもつのではと考える。

　中国は、日本の文化、思想の源であり、いわば日本の原点であり、その底流には共通の思想が流れているからである。その原点を探り、問い直すことは、す

なわち、日本の近代化とは何であったか、日本的経営の原点と本質とは何かを明らかにすることでもある。そのような視点と作業を通して、これからの中国における日本企業の現地経営、人づくりのあり方を見出すことも可能になるとみられ、そこに深い意義があると考える。

1.3　経営理念と「創造的経営」への視座

　以上のような問題意識・現状認識が、本書の出発点となっている。
　日本的経営の本質は、タテ型ネットワークに特有な「場の共有」にあり、活用によって、強みにもなれば弱みにもなるという、人的資源に深く依存する構造が浮かび上がる。
　タテ型ネットワーク社会の構造は、インフォーマル性も高く、論理よりも感情を優先した人間関係やインフォーマルな人事評価などに流れやすい。しかし、それらの行動は、外国人に理解されにくく、それが、ホワイトカラーに受容されない要因でもあり、日本企業のグローバル経営の妨げになり続けていることも明らかである。
　このような限界にあって、日本的経営のこれまでの弱点を乗り越える手掛かりの1つとして、経営理念に注目した。経営理念は、経営の核心の明示化であり、形式知に他ならない。創造的経営とは、この経営理念という明示化された共有価値を軸にして、地域にねざした経営を創意的に展開することである。すでに、日本企業を代表するトヨタなどは、経営理念を経営の土台をなす核として捉え直し、グローバル環境に対応すべく、地域性や個の創造性を促すオープンな内容に経営理念の変革をし、グローバル展開を実践しているのである。
　さらに、中国の日系企業と仕事を通じて交流し、また調査するなかで、経営理念を創意的に活かした経営と人づくりを進める先進的な日系企業、いわば「創造的経営」モデルとも出会うことができた。それを機に、日系企業のみならず本社の経営、いわゆる日本的経営さらにはその経営理念にさかのぼり、その本質と意味は何か、両者はどのような関わりがあるのか、グローバルに生き抜く創造的経営とは何かを、グローバル視点から追究するに至る。
　異文化社会において、組織としての文化を醸成しつつ、地域に根ざした経営

を展開することそのものが、「創造的経営」といえるのではなかろうか。そこで重要な役割を担うのが、価値の共有であり、その支柱となるのが経営理念と捉えることができる。

そのような問題意識に基づき、「創造的経営」とは何かを次のように定義したい。すなわち、「会社は何をめざしどうあるべきか」という基本的な価値(いわば経営理念)の共有を軸に、世界各地において従業員や住民、顧客など多様なステークホルダーの信頼と協力を得ながら、地域に根ざし地域との共存を図りつつ、創意的に展開する経営のことである。それはまさに、持続可能なグローバル経営[*1]に他ならない。それはまた、経営理念を磨きながら、節目において原点としての経営理念に立ち返り、また問い直しつつ、経営方針から日常業務に至るまで浸透・具現化を図ることでもある。それによって、各国、各地域の社員一人ひとりが、経営理念という共有価値を軸にして、主体的に考え行動できるという創造的な人材へと成長すること、そしてそのような人材を現地現場[*2]に活かす経営、まさにそれが「創造的経営」に他ならない。

本書の洞察と知見が、中国日系企業の経営にとどまらず、現地中国企業の企業経営、さらにはグローバル展開する企業の国際経営においても、示唆を与え指針となることを願ってやまない。

2.「創造的経営」の基本視点と骨組み

2.1 日本的経営の原点とグローバル展開
──本書のねらいと構成

本書の目的は、中国およびグローバルに展開する日系企業における経営の組織・人材に着目し、経営理念を重視した創造的経営と人づくりのあり方について、考察・解明することにある。

本書の構成は、8章からなる。第1ステップとして、序章で基本的な骨組みを提示し、第2ステップとして、それを具現化するのが1～6章である。それらを

ふまえ第3ステップは、終章にて、普遍的なモデルへと体系化する。本書の眼目は、「骨組み」「具現化」「普遍化」の3つのステップを展開させるなかで、創造的経営、持続的な経営の普遍的モデルを創り出すことにある。

まず、第1章、第2章において、日本的経営の原点と本質とは何かを考察する。日本的経営の代表事例としてトヨタの経営理念を取り上げ、トヨタのグローバル化と史的展開に注目する。さらに、日本的経営の米国現地経営（トヨタのNUMMI）と中国現地経営（東芝の東芝大連社）を事例に、グローバル視点にみる日本的経営の光と影を分析する。

第3章では、渋沢栄一、森村市左衛門、IBMにみる経営や経営理念を辿りつつ、経営理念重視の日本的経営は、グローバルな視点で価値共有できるものであることを論証する。

第4章では、英・日・中の労働環境にみる歴史的比較視点をふまえ法のもつ意義とその限界を問い直す。

第5章では、日系自動車部品メーカーの企業調査をふまえ、人間尊重を軸にした工場経営の現状と課題に迫る。

第6章では、現地で経営理念を根付かせ、地域密着型の経営や人づくりを展開する日系食品メーカーのハウス食品を「創造的経営」の先行モデルとして採り上げる。また、それをふまえて、「経営理念を浸透させるまでのツール」によるモデルの具現化を行う。

終章では、経営理念の具現化と普遍化のプロセスを「経営理念を現地現場に活かす思想と展開モデル」として体系化し、普遍的なモデルとして提示する。

2.2 経営理念を現地現場に活かす思想と展開モデルの骨組み

本書のエキスをなす「経営理念を現地現場に活かす思想と展開モデル」の基本的な骨組みを示したのが図表序-1である。

このモデルは、創造的経営の確立であり、主体的に考え、行動できる創造的な人材を育成することであると考える。継続的にアプローチすることで、企業文化の醸成、持続的経営は成されるものとして捉える。これは筆者の中国駐在の仕事を通じての交流とその後の調査のなかで定式化したものである。

図表序-1 「経営理念を現地現場に活かす思想と展開モデル」の基本的な骨組み

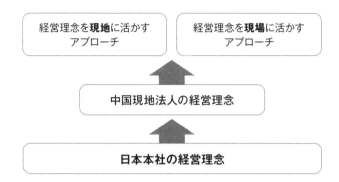

出所：筆者作成

　まず、このモデルの土台をなすのは、日本企業の経営理念である。それはグローバル展開の軸となる共通の価値であり、すべてに影響を与えるものと位置づける。

　次に、現地法人の経営環境、文化、習慣にあわせて中国人社員に理解しやすい言葉などに置き換えたのが中国版経営理念である[*3]。

　日本企業の経営理念を土台とし、中国版経営理念をつくりあげたうえで重要なのは、その経営理念を経営者から現場労働者の日常業務にまで浸透、具現化させることである。

　具現化させるアプローチとして、2つのアプローチを考えた。1つは、「経営理念を現地に活かすアプローチ」、2つは「経営理念を現場に活かすアプローチ」である。経営理念を現地現場の日常業務に活かすことで浸透、具現化を図るのである。「経営理念を現地に活かすアプローチ」や「経営理念を現場に活かすアプローチ」の具体的アプローチについては、第6章で事例を取り上げ、「経営理念を浸透させるまでのツール」によるモデルの具現化を図る。終章では、「経営理念を現地現場に活かす思想と展開モデル」として体系化し、グローバル視点にみる普遍的なモデルとして総括する。

　以上が、「経営理念を現地現場に活かす思想と展開モデル」の基本的な骨組みとなる。これらは中国現地への数回の現地調査および筆者のコンサルティン

グファームでの上海駐在3年半、東京勤務4年半など8年間で得た実践経験を活かした、筆者独自の視点からのアプローチに他ならない。

　このオリジナルなアプローチによって、中国経済社会の新局面における中国日系企業の経営のあり方を考察し、経営理念を活かした創造的経営と人づくりについての方向性を見出した。

　それは、中国日系企業のみならず現地中国企業の企業経営、さらにはグローバルに展開する日本的経営に対しても、いくつかの示唆を与えるものでありたい。

注

*1　十名直喜（2014）「グローバル経営下のものづくりとシステム・イノベーション」名古屋学院大学。
*2　「現地」とは、「現場・現物」のある地域。「現場」とは、工場や職場など、物事が実際に行われる場所。現場の中心に位置するのが「ひと」。「現物」とは、「もの」そのものとして捉える（十名直喜（2012）『ひと・まち・ものづくり経済学』法律文化社、61-62頁）。
*3　本社の経営理念は土台をなすものゆえ、進出国、地域によって、経営理念を変革するのではないと考える。しかし、経営理念をより現地法人社員にわかりやすいものにするため、経営理念をベースに、文化・習慣に合わせた表現に組み替え直すことは必要と考える。

第 1 章

経営理念の進化とグローバル化

トヨタの事例を中心にして

1. はじめに

　めまぐるしく変化するグローバル経済のなか、これまでとは異次元の厳しい国際競争に直面する日本企業において、このような時代を生き抜くグローバル経営とは何か、が問われている。

　グローバル視点に立って経営するには、まずもって多様なバックグランドをもった人の個性を受け入れ、それを組織の強みに変えていくことではなかろうか。そのためには、彼らの思いや行動のベクトルを合わせる基本的な価値共有の軸が必要になると考える。

　グローバルな視点をもった価値共有とは、多様性を認めたうえで、会社は何のためにあるのか、何処を目指しているのか、を社員全員が理解し共有すること、さらに日常業務まで浸透させることである。共有すべき価値が明確になることによって、それぞれの国、地域に根ざした創造的発展が期待できる。その役割を担うのが、経営理念と考える。

　経営理念は、会社にとっての根幹であり、経営理念を、価値共有の土台とすることにより、各国、各地域における現地法人の創意的な経営を引き出し、組織・人材の潜在能力の発揮を促すという「創造的経営」と人づくりができるのではなかろうか。

　本章ではまず、経営理念の意義を明確にし、その定義づけを行う。そのうえで、日本的経営を代表する事例としてトヨタの経営理念に注目し、日系企業におけるグローバル経営のあり方、その創造的展開プロセスを明らかにする。さらに、日本的経営においての経営理念の位置づけ、経営慣行における経営理念、経営計画、経営方針の関係性なども明確にし、図表序-1で提示した骨組みとも照らし合わせ、それを検証するとともに、その肉付けを行う。

2. 経営理念へのグローバルアプローチ

2.1 経営理念の意義

　グローバルな視点での価値の共有として経営理念を捉えるうえで、経営理念の意義と定義を整理しておきたい。

　日本の先駆的経営者として社会から認められている、渋沢栄一、松下幸之助は、いずれも独自の経営哲学をもっている。

　渋沢栄一は、論語の教訓に従って商売し、自らが提唱した道理と利益を一致させる「道徳経済合一説」に基づく経営を行ってきた。明治維新後の日本の実業界の資本主義の制度を設計した人物でもある。まさに、「日本資本主義の父」と評される所以でもある。

　また、パナソニック（旧松下電器産業、松下電器製作所、松下電器器具製作所）を一代で築きあげた松下幸之助は、「自主責任経営」「衆知経営」「ダム経営」など、独自の経営の価値観を浸透させた。松下幸之助は、「事業経営でいちばん根本になるのは、経営理念を確立することである」[*1]といっている。「経営理念があってこそ、人や技術や資金もはじめて活かされる。経営理念は、正しい人生観、社会観、世界観に根ざした自然の理法にかなったものでなくてはならない」と考え、みずからも信念に基づく経営を行った。「経営の神様」ともいわれ、世界的にも名高い。

　渋沢栄一、松下幸之助に共通するものは何か。それは、強い哲学をもって、その哲学を会社の経営理念として一貫して伝え、自らも行動するという、ぶれない軸をもっていることである。

　企業経営において、経営理念をもつことは、羅針盤を用いて目的地に向かい航海するのに似ていると考える。この船は、何の目的でどこに行くのかも判らずに航海していては、結局どこにも辿りつけない。この会社はどのような考え方で経営を行うか、何のために存在するかを示さなければ、迷走するだけである。いわば、経営理念は、会社のアイデンティティであり、立ち返るべき原点として、経営の土台をなすものである。

2.2 経営理念とは何か

 経営理念とは何か。松下幸之助は、経営理念とは「この会社は何のために存在しているのか。この会社はどのようなやり方で経営を行っていくべきかを示すもの」[*2]と述べている。ジム・コリンズ＆ジェリーポラス（1995）は、「基本理念は組織の土台になっている基本的な指針であり、われわれが何者で、何のために存在し、何をやっているかを示すものである。基本理念は企業の基礎の基礎にあたり、めったに変わることはない」[*3]。また、宮田（2004）[*4]は、『ビジョナリー・カンパニー』に従って、経営理念とは「事業の目的意識」と「事業遂行の価値観」[*5]であると定義している。
 土屋（1967）は、経営理念とは「〈経済人〉の精神たる〈資本主義精神〉に対する対立理念、もしくは〈資本主義精神〉の崩壊の上に経営者の間に普及し支配しつつある〈理念〉である」[*6]という。三井泉ら（2013）によると、経営理念とは「企業経営の指針となるような創業者の信念や企業の行動基準であるとともに、社会における企業自らの存在理由すなわちアイデンティティの根拠となるもの」[*7]。高尾・王（2012）は、経営理念は「意図的に提示された組織アイデンティティの一部」[*8]と述べている。
 なお、経営理念については、先行研究においても経営哲学、経営理念、企業理念など多様な表現がみられ、統一された定義もないとみられる。本著では、経営哲学、企業理念、基本理念、信条、社是、社訓などと呼ばれているものを包括して、「経営理念」として捉え直したものである。
 以上をふまえ筆者は、経営理念について、次のように定義したい。
 経営理念とは、「会社の存在意義、目的、価値観、事業遂行の方向性、行動基準を示すもの、いわば経営の土台である。つまり、会社としてのあるべき姿を明らかにし、明文化等を通して社会や人々に働き生きる知恵と指針を指し示す羅針盤であり、立ち返るべき原点である」。
 経営理念は抽象化されシンプルなものが多いが、経営の根幹と方向性を凝縮して提示するゆえ、それが内包する力は限りなく大きく深いものがあるとみられる。
 会社の組織は、経営理念によって求心力が強まる。会社としての存在意義が

明確であれば、人材の採用においても、「この会社で働きたい」と、理念に共感して人材が集まり、会社にふさわしい人材を確保しやすい。人材の教育、育成においても、理念のもと、どのような社員がふさわしいのか考えて教育、育成ができる。

社員は、会社のあるべき姿を熟知していれば、正しい判断で対応ができるであろう。経営理念は、社員の行動基準となり、自発的行動を促す。理念を中心に組織が動くのである。

特に、海外に進出する日本企業は、現地において、日本とは違う環境のなかで、現地の人材を雇用して、日本ブランドを展開する。その時には、社員一人ひとりのベクトルを合わせることが重要である。異文化の中において、企業としての価値の共有化（ベクトル合わせ）を如何に図っていくかが問われる。ベクトルを合わせるためには、何をよりどころにするかといえば経営理念である。

その代表事例としてトヨタのグローバル展開における価値の共有、すなわち経営理念とその変革をクローズアップさせる。

3. トヨタにみるグローバル化と経営理念の史的展開

3.1 トヨタのイノベーションと経営理念

経営理念は、経営や人的資源にどのような影響を与えるのか。日本的経営を代表する事例として、トヨタの経営理念を取り上げ[*9]、分析する。

創業から75年を経たトヨタ自動車（株）にとって、変革の支えとなり指標となるものは経営理念、といえるかもしれない。経営理念は、時代を捉え、時代の一歩先ゆく方向性を指し示し、今日のトヨタを築いた源にもなっている。

トヨタ自動車75年史[*10]によれば、経営理念の原点は、「豊田綱領」[*11]（図表1-1）にある。「豊田綱領」とは、豊田佐吉の考え方を、豊田利三郎、豊田喜一郎が中心となって整理し、成文化したものである。佐吉の5回目の命日にあた

る1935年10月30日[*12]に発表された。以降、1992年の「トヨタ基本理念」が制定されるまでの60年間弱の長期間にわたって、トヨタグループ各社に継承され、全従業員の行動指針としての役割を果たした。

図表1-1 豊田綱領

> 1．上下一致、至誠業務に服し、産業報国の実を挙ぐべし
> 2．研究と創造に心を致し、常に時流に先んずべし
> 3．華美を戒め、質実剛健たるべし
> 4．温情友愛の精神を発揮し、家庭的美風を作興すべし
> 5．神仏を尊崇し、報恩感謝の生活を為すべし

出所：トヨタ自動車ホームページより

「豊田綱領」のキーワードは、「上下一致」[*13]「産業報国」[*14]「研究と創造」[*15]「常に時流に先んずべし」「温情友愛の精神」「家庭的美風を作興すべし」などである。とくに、「研究と創造」「常に時流に先んずべし」は、モノづくりトヨタの原動力として継承されていると考える。

3.2 経営理念の新次元化 ── 国際社会に信頼される企業市民

1990年代に入ると円高の定着や通商摩擦の頻発、冷戦終結後の世界経済のボーダレス化、地球環境問題といった新たな経営課題が出現し、企業を取り巻く環境は激変した。さらに、国内ではバブル経済が崩壊し、少子高齢化時代の到来が展望されるなど経済・社会の両面で閉塞感や先行きの不透明感が増し平成不況に入っていった。

一方、トヨタは1991年の時点で約160の国・地域で販売を行い、22の国・地域に生産拠点を構えていた。事業活動のグローバル展開は勢いを増し、国際社会との関わりが益々強まりつつあった。文化や価値観の違いを超えて世界各国・地域の人々と協力して事業を推進することが非常に重要な課題となっていた。

こうした時代を背景に1991年3月の専務会で、豊田英二会長は「グローバルな企業としてこれから前進するためには、グローバルに通用する理念・哲学を明示する必要がある。以心伝心で分かり合っていることを文字にし、これに沿って経営体制、組織体制を考えなければならない」と指示し、基本理念を制定することとなったという[16]。

　7項目の経営指針で構成される「トヨタ基本理念」が和英両文で作成され（図表1-2）、1992年1月の社内年頭挨拶で豊田章一郎社長から発表された。基本理念は人、社会、環境との調和を大切にしつつ、企業の健全な成長を図ることを柱にしたという。この基本理念は世界のオールトヨタの求心力として、全社員が共有するトヨタ哲学であり、一人ひとりの行動に反映すべきものとして制定された。

　基本理念の制定にあたっては、NUMMI[17]の社長など海外経験の豊富な豊田達郎副社長が中心となり、担当専務がサポートした。NUMMIは、トヨタの海外展開における初の実験現場であった。海外展開するなかで、企業価値の統一が如何に必要かを痛感したのではないだろうか。価値の統一のためには、理念は欠かせない。基本理念の見直しには、NUMMIで体得したことが色濃く反映されているように思われる。なお、トヨタにおけるNUMMIの展開は第2章でくわしく考察する。

　例えば、1992年に制定されたトヨタ基本理念には「国際社会から信頼される企業市民をめざす」という文言が第1項にある。これは、NUMMIでの現地化の経験が活かされていると考える。

　NUMMIで展開されたトヨタ生産システムは、アメリカの自動車業界に大きな影響を与えた[18]が、アメリカ社会からの反発も少なくなかった。

　島田（1988）は、「工場の内側ではキメ細やかな情報共有の努力が見られるのに対して、工場の塀の外ではその実態が何もしられていないという極端な情報のギャップもしくは二重構造が存在しているように見える」[19]と指摘している。さらに島田（1998）は、「コーポレット・シチズンシップに対する理解と自覚の不足」をあげている[20]。

　島田は、「コーポレット・シチズンシップ」を「企業市民性」と訳し、日本にはその概念が育っていないことを指摘している。企業も自分の属する社会を暮

図表1-2　1992年に制定されたトヨタ基本理念

1. オープンでフェアな企業行動を基本とし、国際社会から信頼される企業市民をめざす
2. クリーンで安全な商品の提供を使命とし、住みよい地球と豊かな社会づくりに努める
3. 様々な分野での最先端技術の研究と開発に努め、世界中のお客様のご要望にお応えする魅力あふれる商品を提供する
4. 各国、各地域に根ざした事業活動を通じて、産業・経済に貢献する
5. 個人の創造力とチームワークの強みを最大限に高める企業風土をつくる
6. 全世界規模での効率的な経営を通じて着実な成長を持続する
7. 開かれた取引関係を基本に、互いに研究と創造に努め、長期安定的な成長と共存共栄を実現する

出所：トヨタ自動車ホームページより

らし良い社会にするためできるだけ社会に貢献することが求められる。企業にとって、地域、社会に受け入れられることは、持続的経営につながる。この精神の重要性の認識は、1980年代の日本企業には薄かったようだ。それが、1992年に制定した基本理念には、「国際社会から信頼される企業市民をめざす」と第1項に明記されている。これは、NUMMIなど諸外国において現地経営を展開するなかで、トヨタが学びとったものといえる。

3.3 地域にねざしたグローバル経営——グローカル化に向けて

　さらに、1997年4月には基本理念の部分的な改定を実施した。トヨタ基本理念の見直しでは、グローバルを意識した内容に改定している。グローバルに考えて、ローカルに行動するというグローカル化[*21]の姿勢が、理念には表れている。改定後の「トヨタ基本理念」は図表1-3のとおりである。
　1992年に制定された理念には、「各国、各地域に根ざした事業活動」という文言があり、1997年には、「各国、各地域の文化・慣習を尊重し、地域に根ざ

した企業活動」と変化している。「各国、各地域の文化・習慣を尊重して地域に根ざす」ということは、トヨタが良き企業市民となり、地域での社会づくり、街づくりに貢献するという姿勢の現れでもある。この理念を反映して、世界各地でお客様に一番近いところで判断を下し、それぞれの地域に根ざした企業活動をより重視した経営方針をとっている。

　また、グローカル化の促進は、進出した国・地域の理念にも色濃く現れている。例えば、天津一汽豊田汽車有限公司[*22]（以後、天津トヨタと称する）の経営理念（図表1-4）[*23]は、日本本社の基本理念を土台としつつ、誰に（中国に）、何をし（魅力ある自動車を届けて）、何を目指すか（中国の自動車業界、中国の経済発展に貢献、人材育成）がより明確に文書化され、中国文化と習慣を尊重した文言で中国に根ざした経営基盤を確立しようとするトヨタの現地化促進の志が天津トヨタの経営理念に込められている。

　2011年3月豊田章男社長は、トヨタグローバルビジョンを発表している。そこでは、日本の本社は大きな方向性を示し、具体的な経営計画などは各地域に委ねるとしている。

　組織体制もこれにあわせ、取締役は27人から11人へスリム化、専務取締役は廃止して「専務役員」を新設、役員総数77人から60人に削減している[*24]。

　国内外で地域とコミュニケーションを図りながら、ニーズや文化の掘り起しを目指し新たな関係づくりを始めている。例えば東北では、自動車産業・新規事業・社会貢献を3本柱とする「東北復興支援の取組み」[*25]を発表し、企業内訓練校の開校や工業団地のスマート化、農商工連携事業の開始などを相次いで展開している。

図表1-3　1997年に改正されたトヨタ基本理念

1. 内外の法およびその精神を遵守し、オープンでフェアな企業活動を通じて、国際社会から信頼される企業市民をめざす
2. 各国、各地域の文化・慣習を尊重し、地域に根ざした企業活動を通じて、経済・社会の発展に貢献する
3. クリーンで安全な商品の提供を使命とし、あらゆる企業活動を通じて、住みよい地球と豊かな社会づくりに取り組む
4. 様々な分野での最先端技術の研究と開発に努め、世界中のお客様のご要望にお応えする魅力あふれる商品・サービスを提供する
5. 労使相互信頼・責任を基本に、個人の創造力とチームワークの強みを最大限に高める企業風土をつくる
6. グローバルで革新的な経営により、社会との調和ある成長をめざす
7. 開かれた取引関係を基本に、互いに研究と創造に努め、長期安定的な成長と共存共栄を実現する

〈1997年4月改正〉

出所:トヨタ自動車ホームページより

図表1-4　天津トヨタの基本理念

1. 中国の法制・文化・習慣を尊重し、地域に開かれた公正な企業活動を通じて、地域、社会から信頼、敬愛される企業市民を目指します
2. 中国のお客様に魅力あふれる自動車をお届けし、中国自動車社業界の発展に貢献します。
3. 天津一汽トヨタの健全な企業活動を通じて、天津市及び中国経済の発展に貢献します
4. 人材育成に重点を置き、現地化を推進することで中国に根ざした経営基盤を確立します

出所:天津トヨタ(天津一汽豊田汽車有限公司)ホームページより

3.4 チームワーク重視の課題

　1992年に制定され、1997年に改正された理念には、いずれも、「個人の創造力とチームワークの強みを最大限に高める企業風土」とある。日本企業の生産現場の特徴として、チームワークで仕事をすることが多い。そのため、その人がチームワークに対する適性をもつ人かどうかが選考する際の重要なポイントとなる。

　NUMMIでは、採用選考に時間をかけていた。選考の主眼は、「チームワークの中で働く協調性のような適性があるかないか、仕事に対する姿勢や考え方、そしてチームを指導する力もしくは統率力があるかどうか」を3日間かけて適正評価している[*26]。

　しかし一方で、「個人の創造力」を求めている。チームワークを重視することは、時に「個人の創造力」を抑える企業風土にもつながりかねない。また、協調性を重視した採用は、個性的な人材の採用機会を失いかねない。それは、トヨタの求める「創造」の限界といえるかもしれない。互いに尊重したなかで、「個人の創造力」と「チームワーク」のバランスを取る企業風土をつくることが、トヨタの可能性を広げるといえよう。

4. トヨタ経営にみる経営理念の位置づけ

　これまでみたように、トヨタは、経営理念を経営の土台をなす核として捉え直している。さらに、それを検証すべく、トヨタの75年以上の歴史の中で、トヨタの経営理念を構成するうえで、大きな影響を与えた3つの事象を取り上げ、経営理念が経営にどのような役割を果たしたかについて考察する。

　その1つは第二次世界大戦後の経営危機による労働争議が起きた1950年、2つは世界に通用する基本理念を制定した1992年、3つは大規模リコール問題でアメリカ議会の公聴会に豊田章男社長が出席した2010年である。

4.1 第二次世界大戦後の経営危機による労働争議

　トヨタは、1937年に創立され、経営理念は、前述のとおり1935年に「豊田綱領」が制定された。豊田佐吉の考え方を、息子の豊田喜一郎らが中心になって整理し、成文化したものである。以降、1992年の「トヨタ基本理念」が制定されるまでの60年間弱の長期間にわたって継承される。その間には、理念が試される出来事も起こった。

　トヨタは戦後間もない1950年[27]に深刻な経営危機[28]に陥り、経営資金不足で困窮を余儀なくされるという状況を迎えた。豊田喜一郎社長は、経営危機に際しても、人員整理は絶対に避ける覚悟をしていたが、労働組合は、会社の業績が一向に回復しない状況から、人員整理は必至と判断し、労使交渉は2カ月あまりにわたる争議へと激化していった。

　結果、大幅な人員整理を行うことになり、その責任をとって豊田喜一郎社長は辞任した。人員整理はしないと約束しながらも、人員整理に及んだという歴史は、豊田綱領の「上下一致」「温情友愛の精神」「家庭的美風を作興すべし」の理念に反するものとなった。

　これを教訓として、労働争議から10年以上の歳月が経った1962年2月に、「労使宣言」を発表し、労使協調の第一歩を踏み出している。その後、組合創立50周年の1996年1月には、グローバル企業への飛躍に向けて、労使相互信頼と相互責任を再確認し、「労使宣言」の精神を継承する「21世紀に向けた労使の決意」を調印した。

　さらに、1997年に改定されたトヨタ基本理念においても、「労使相互信頼・責任を基本に」の文言が加えられ、組合との相互信頼に基づくことを強調している。

　上記の出来事からみる経営理念の位置づけは、経営理念は、大きな障害や経営危機に遭遇した時に、原点に立ち返る羅針盤になっているということである。理念を指針としつつ、具体的行動を検討し、決定している。また経営環境が大きく変化すれば、それに対応すべく原点に立ち返り、経営理念の改革も行われるということであろう。

4.2 世界に通用する基本理念を制定

　80年代後半になると、円高をバネ[*29]とする国際化の進展に伴い、トヨタを始めとして日本企業の経営のグローバル化を急激に促進した。トヨタでは、1984年にゼネラル・モーターズ（GM）社との合弁会社NUMMIが設立され、現地生産が始まった。

　「日本的経営」の海外移植・移転問題が浮上し、海外現地生産の拡大に伴って、日本的経営・日本型生産システムについての普遍性・特殊性をめぐる議論が活発化していった。

　1990年代に入ると円高や通商摩擦、世界経済のボーダレス化など、新たな経営課題が出現した。そのような時代背景の中で、グローバル化への移行が強く打ち出され、前述のとおり1992年には、グローバルに通用する理念「トヨタ基本理念」が新たに制定された。さらに、1997年にはそれを改正している。

　「トヨタ基本理念」では、「国際社会から信頼される企業市民」「各国、各地域の文化・慣習を尊重」「地域に根ざした企業活動」「長期安定的成長」などがキーワードになり、グローバル視点の経営理念へと変革をもたらした。

　2001年には、基本理念を実践するうえでの価値観や手法の共有として「トヨタウエイ」[*30]が発表されている。

　これらの経営理念の改正からみる経営理念の位置づけは、経営理念は、創業時のままの内容にとどまらず、企業の発展段階、経営環境の変化によって、変革され、創業時の理念より具現化され豊かなものになっているということである。しかし、創業精神は、原点としてのオリジナル性を有しているといえよう。

4.3 トヨタ再出発の日

　グローバリゼーションの急拡大で、トヨタの生産拡大は海外を中心に、ハイペースで進み、トヨタ車の販売台数は、2007年にはゼネラル・モーターズ（GM）社に次ぐ、全米第2位となった。しかし、2008年9月には大手投資銀行のリーマン・ブラザーズが経営破綻し、世界経済は深刻な事態を迎え、トヨタにおいても、2009年3月期決算での大幅赤字が避けられない危機的状況に

陥った。そのなかで、2009年1月豊田章男氏が社長に就任した。

社長就任直後の2009年8月、米国のカリフォルニア州サンディエゴでディーラーが代車として提供したレクサスES350が高速走行中に制御不能となり、土手に激突して炎上し、一家4人の乗員全員が亡くなるという事故が発生した。これがのちに、大規模なリコール問題へと発展し、豊田章男社長は、2010年2月24日にアメリカ議会の公聴会へ出席するまでに至った。

トヨタにとって、2010年2月24日は忘れられない日となり、この日をトヨタ再出発の日に定め、原点に立ち返り、あらためて、トヨタは「どんな企業でありたいか」「どんな価値観を大切にしていくのか」を考えた。そして、2011年3月に、全世界のトヨタ30万人の従業員で共有するビジョンとして「トヨタグローバルビジョン」[*31]を発表し、決意を新たにした。

経営理念は、大きな障害や経営危機に遭遇したときに、原点に立ち返り、社員一人ひとりの求心力を高めるものとなり、経営理念を一層価値あるものにしている。しかも、日本国内だけでなく、世界中の人々にも共有化され、企業の存立の基盤を明らかなものにしていると考える。

5. グローバル戦略にみる日本的経営と経営理念の位置づけ

5.1 日本的経営と経営理念の位置づけ

以上、トヨタにおける経営理念とその変容プロセスを、日本的経営の代表的かつ先駆的な事例とみなし、日本的経営を経営理念の視点から捉え直す試みをした。それにより、以下の3点に要約することができる。

1つは、経営理念は、大きな障害や経営危機に遭遇した時に、原点に立ち返る羅針盤になっているということである。理念を指針とししつ、具体的行動を練るが、経営環境が大きく変化すれば、原点に立ち返り、経営理念の改革も行われる。

2つは、経営理念は、創業時のままの内容にとどまらず、企業の発展段階、経営環境の変化によって、変革され、創業時の理念より具現化され豊かなものになっている。しかし、創業精神は、歴史的な原点としてのオリジナルを有している。

3つは、経営理念は、大きな障害や経営危機に遭遇したときに、社員一人ひとりの求心力を高めるものとなり、一層価値あるものにしている。しかも、日本国内だけでなく、進出した国においては、トヨタ基本理念を土台としつつ、各国の地域に根ざした文言に置き換えるなど、世界中の人々にも共有化され、企業の存立の基盤を明らかなものにしている。

トヨタにみる経営理念の位置づけは、「豊田綱領」、「トヨタ基本理念」を柱とし、「トヨタ基本理念」を実践するうえでの価値共有として、「トヨタウエイ2001」「トヨタグローバルビジョン」が明文化されている。

5.2 グローバル戦略にみる経営理念・経営戦略・経営計画の関係性

トヨタ基本理念とCSR方針・各規定との関係をみると[*32]、トヨタ基本理念の位置づけは、トヨタ基本理念を頂点に、「トヨタグローバルビジョン」、「経営計画」、「経営方針」、そして「日常業務」へと上から下へ矢印の方向は向いている。一方、トヨタグローバルビジョンでの経営理念の位置づけは、「木の根」をイメージしている。

筆者の考える経営理念、経営戦略、経営計画の関係性も、図表1-5に示すように、経営理念が会社の価値共有の土台をなしている。経営理念を土台に、どのような会社でありたいのかを具現化したものが、ビジョンや経営戦略となる。ビジョン・経営戦略の実現に向け、中長期経営計画などが立案され、達成すべき目標を会社方針として具体的に定め、日常業務を行う。全ては、経営理念が土台となり、経営理念は、経営者から現場労働者まで、社員一人ひとりに影響を与え、それぞれの業務活動に理念を活かす、という下から上へと具現化する構造にあると考える。

伊藤（2003）[*33]は、企業の成長は、長期的に見れば、必ず組織文化の優劣に大きく影響を与えるもので、ものの見方や考え方が一致することは、企業を

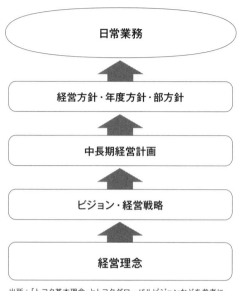

図表1-5
経営理念・経営戦略・経営計画の関係性

出所:「トヨタ基本理念」とトヨタグローバルビジョンなどを参考に、筆者編集作成

発展させる大きな条件の1つであるとし、トヨタの成功要因の大きな1つとして「経営理念」を挙げている。

　前述のように、日本的経営の核となるものは、人的資源であり、最大限の経営資源である。多様なバックグランドをもった一人ひとりの個性や能力を活かすには、社員はもとより取引先も含めた多くの人々の心底からの協力や能力を発揮してもらうことが不可欠となる。

　多くの人々を長期間にわたって強く動機づけるのは、価値観や考え方であり、それがまた、人の態度や行動、習慣を形作る。経営理念は、会社にとっての価値観や考え方そのものに他ならない。それゆえ、社員一人ひとりが、経営理念を深く理解し、具現化すること、すなわち、日常業務にまで落としこみ反映させることが、あるべき経営の要諦といえよう。

6. おわりに

　本章では、経営理念の定義づけを行ったうえで、日本的経営を代表する事例としてトヨタの経営理念を捉え、日本的経営においての経営理念の位置づけを明らかにした。

　トヨタは、グローバルな展開と競争が新たな段階を迎える中、それに対応すべく、1935年に発表した経営理念「豊田綱領」の見直しを、1992年と1997年に連続して行った。

　そのキーワードとなったのが、「国際社会から信頼される企業市民」「各国、各地域の文化・慣習を尊重し、地域に根ざした企業活動」「個人の創造力とチームワーク」などである。

　企業市民とは、現地社会に受け入れられ、地域に根ざし共存していくアプローチであり、個人の創造力やチームワークとは、現場で働く一人ひとりの多様な文化や価値観に光をあてたアプローチといえよう。

　さらに、海外に進出する際は、日本本社の経営理念を土台としつつ、進出した国の文化、慣習を尊重した文言に置き換えて、現地経営の基盤を確立するという動きもみられた。これは、図表序-1で提示した「経営理念を現地現場に活かす思想と展開モデル」の基本的な骨組みを立証するものといえる。

　トヨタにとって経営理念は、大きな障害や経営危機に遭遇した時に、原点に立ち返る羅針盤になるだけでなく、自己変革に向けて、人的資源の質や求心力を高め企業の発展を促す指標とみなされるに至っている。

　グローバルに生き抜く経営とは、経営理念を軸にし、節目においては原点をも問い直しつつ、経営方針から日常業務に至るまで浸透・具現化を図ることである。それを地道に続けることによって、地域に根ざした持続的経営、すなわち、創造的経営に繋がるといえるのではなかろうか。

　このトヨタにおける経営理念の変革のプロセスは、まさにグローバル視点に立った日本的経営のあり方、展開と捉えることができる。

　次章では、経営理念と人的資源の視点から、「日本的経営」の特徴と課題を究明する。

注

- *1 松下幸之助「道 見学ガイド」公益社団法人松下社会科学振興財団。
- *2 松下幸之助「道 見学ガイド」公益社団法人松下社会科学振興財団。
- *3 ジム・C・コリンズ／ジェリー・I・ポラス著、山岡洋一訳（1995）『ビジョナリーカンパニー』日経BP出版センター、89頁。
- *4 宮田矢八郎（2004）『理念が独自性を生む』ダイヤモンド社。
- *5 宮田矢八郎（2004）前掲書、46頁。
- *6 土屋喬雄（1967）『日本経営理念史』麗澤大学出版会、35頁。
- *7 三井泉編（2013）『アジア企業の生成・伝播・継承のダイナミズム』文眞堂、2頁。
- *8 高尾義明・王英燕（2012）『経理理念の浸透』有斐閣、5頁。
- *9 トヨタHP海外生産会社（2013.12.23取得）。(http://www.toyota.co.jp/jpn/company/about_toyota/facilities/worldwide/)。
- *10 トヨタ自動車75年史編纂委員会（2013）『トヨタ自動車75年史』トヨタ自動車株式会社。
- *11 「豊田綱領」では、すべての項目が「一、」と表現されているが、1991年、1997年に経営理念と比較できるように番号をつけている。
- *12 1935年前後の時代背景は、1918年に第一次世界大戦が終わると、1923年の関東大震災、1929年の世界大恐慌は昭和恐慌に発展する。1931年には、都市部では多くの会社が倒産し就職できない者や失業者があふれた。また、1931年9月、満州事変が勃発する。1931年12月の高橋蔵相就任以来、積極的な財政支出政策（ケインズ政策）により日本の経済活動は順調に回復を見せ、1935年には、大恐慌以前の経済水準まで回復した。その後、1937年には日中戦争がはじまる。
- *13 「上下一致」は、つまり上も下も一緒に全従業員が一致し、会社の業績達成に献身するという意味であると考える。
- *14 「産業報国」とは、国益に寄与する、という意味と考える。
- *15 「豊田綱領」の中の中核をなすものと考える。1992年に制定された新たなトヨタ理念、1997年に改正された経営理念のいずれにも反映されている。「研究と創造に心を致し、常に時流に先んずべし」は、最善の工夫により最良のものを創り出すという、世界に負けない自動車の製造と研究、創造の夢を目指していることがうかがえる。
  トヨタの積極的な海外進出は、この理念から始まり、今なおグローバルな企業として発展している。2012年12月末現在、トヨタは27カ国／地域に52の海外の製造事業体があり、トヨタ車は、海外の160カ国／地域以上で販売されているという。トヨタHP海外生産会社（2013.12.23取得）。(http://www.toyota.co.jp/jpn/company/about_toyota/facilities/worldwide/)。
- *16 トヨタ自動車75年史編纂委員会（2013）、前掲書。
- *17 NUMMIは、トヨタとGMとの合弁会社として1984年2月21日、米国カリフォルニア州フリーモント市に設立された。トヨタにとって、NUMMIは、はじめての現地化の実験の場でもあった。1984年12月10日にGM「シボレーノバ」を生産開始（1985年6月発売）。2009年、破産による国有化で経営再建に踏み出したGM社がNUMMIからの撤退を決め、トヨタも単独での事業継続は困難との判断に至り、NUMMIは、2010年4月1日生産終了している。
- *18 NUMMIで展開されたトヨタ生産システムは、例えばフォード社は、チーム・トーラス・プロジェクトに取り入れて成功を収めている。GM独自の核心的事業であるサターン計画にもこれまでのNUMMIでの学習成果をGM流に編成しなおして取り入れようとした形跡がみられる。クライスラー社のMPA（近代的進歩労働協約）では明らかに日本型の人的資源管理戦略が重要なモデルになっている、と言われている。
- *19 島田晴雄（1988）『ヒューマンウェアの経済学』岩波書店、242頁。
- *20 島田晴雄（1988）、前掲書、258頁。
- *21 グローバル（global）とローカル（local）からの造語）国境を越えた地球規模の視野と草の根の地域の視点で、さまざまな問題を捉えていこうとする考え方。

*22　天津トヨタは、2000年6月にトヨタと天津汽車との合弁会社として設立された。トヨタが、中国で乗用車の本格生産を始めたのは2002年で、10月乗用車ヴィオスの生産を開始している。

*23　トヨタ自動車HP（2014.6.30取得）(http://www2.toyota.co.jp/jp/news/11/07/nt11_0705.html)。

*24　トヨタ自動車75年史編纂委員会（2013）およびトヨタ自動車HP（2013.12.23取得）。(「http://www.toyota.co.jp/jpn/company/history/75years/text/leaping_forward_as_a_global_corporation/chapter5/section4/item2.html」)。

*25　トヨタ自動車HP（2014.6.30取得）(http://www2.toyota.co.jp/jp/news/11/07/nt11_0705.html)。

*26　島田晴雄（1988）前掲書、21頁。

*27　1950年頃の日本経済は、ドッジライン（戦後占領期の1949年3月に、日本経済の自立と安定とのために実施された財政金融引き締め政策）以降の経済停滞・デフレ懸念から、1950年6月の朝鮮戦争勃発により事態が一変した。ドル建ての輸出は、世界的な軍事拡張と軍需品の買い付けにより、2倍以上に増加。さらに、輸出の増加と特需が日本に大量の外貨をもたらし、輸入の増大を可能にしたため、鉱工業生産は2倍近く伸びた。また、1945年より1952年にかけて行われた連合国軍最高司令官総司令部（GHQ）の占領政策の1つである財閥解体も行われた。太田愛之他（2006『日本経済の二千年改定版』勁草書房、297-298頁。
1947年4月労働基準法が制定。1949年には、労働三法の1つで、労働組合の結成の保証や使用者との団体交渉やストライキなど労働争議に対する刑事上・民事上の免責要件などを定める労働組合法が改定されている。

*28　1949年のドッジラインによるデフレ政策、資金不足、原材料難によって経営が極度に悪化し、銀行の支援に頼らざるを得ない事態に陥った. 倒産は免れたがトヨタ自工とトヨタ自販の2社に分割され、喜一郎は引責辞任した。

*29　1985年のプラザ合意後、1ドル240円前後で推移していた円相場は、1985年末に200円を切る水準となり、翌1986年5月には、160円に高騰し、円高が加速した。

*30　トヨタウエイは、1990年代後半からの急速なグローバル展開により、トヨタの連結従業員は、2007年度には30万人を超え、海外従業員数が急増した。人材の多様化に伴って、全世界のトヨタで共有する価値観や手法が求められ作成された。トヨタウエイとは、「暗黙知」として受け継がれてきた経営上の信念や価値観を目に見える形で、体系的に理解できるようにしたものである。トヨタウエイの2つの柱は、「知恵と改善」、「人間性尊重」である。「知恵と改善」には、「チャレンジ」「改善」「現地現物」、「人間尊重」には、「リスペクト」「チームワーク」が紐づけられている。

*31　グローバルビジョンとは、トヨタがどんな会社でありたいのか、あるべきなのかを明文化したものである。その中には、「トヨタはお客様に選ばれる企業でありたい。トヨタをお選びいただいたお客様に、笑顔になっていただける企業でありたい」という価値を明確にした。グローバルビジョンの策定にあたっては日本だけでなく、北米、欧州、アジア・オセアニア、中国、中南米・アフリカ・中近東と世界各地域でチームを編成し、議論を重ねてつくり上げた。グローバルビジョンを、木の根、果実、幹に例え具現化している。

*32　トヨタホームページ、企業理念概要「CSR方針と理念・各規定との関係」（2015.1.22取得）、(http://www.toyota.co.jp/jpn/company/history/75years/data/conditions/philosophy/overview.html)。

*33　伊藤賢次（2003）「トヨタとホンダにおける自社技術開発路線と経営理念」岐阜聖徳学園大学経済情報学部、58頁。

第2章

グローバル視点からみる 日本的経営の特徴と課題

米国・中国への現地展開の比較をふまえて

1. はじめに

　日本企業のグローバル化が進むなか、「日本的経営」とは何かがあらためて問われている。とりわけ、日本的経営の原点と本質を見据え、その特徴と課題を明らかにすることが求められている。

　前章では、日本的経営を代表する事例としてトヨタの経営理念を捉え、日本的経営における経営理念の位置づけを明確にした。

　本章では、日本的経営にみる評価の変遷を辿りつつ、グローバル視点から日本的経営のあり方、とりわけその光と影を捉え直し、これからの日本企業の現地経営と現場での人づくりのあり方を考察する。なお、考察に当たっては、そのヒントが内在するとみられるグローバル化の画期、すなわち日本企業の海外直接投資が急激に増加した時代、に注目したい。

　日本企業の海外直接投資が激増し、日本企業全体のグローバル化が一気に進んだのは、1980年代半ば以降のことである。円高を機に国際化が進み「日本的経営」の海外移植・移転問題が浮上した。海外現地生産の拡大に伴って、海外における「日本的経営」のあり方、その普遍性・特殊性をめぐる議論が活発になされた。

　トヨタ自動車(株)とGMの合弁は、この時期を代表する先駆的事例の1つとして注目される。NUMMI（New United Motor Manufacturing, Inc.）[*1]は、トヨタとGMとの合弁会社として1984年2月21日、米国カリフォルニア州フリーモント市に設立された。トヨタにとって、NUMMIは、はじめての現地化の実験の場でもあった。1984年12月10日にGM「シボレーノバ」を生産開始（1985年6月発売）してから、25年間操業を続けた。2009年、破産による国有化で経営再建に踏み出したGM社がNUMMIからの撤退を決め、トヨタも単独での事業継続は困難との判断に至り[*2]、NUMMIは、2010年4月1日生産終了[*3]している。

　NUMMIでの実験を通して、トヨタの生産システムは、現地において一定程度に受容され、さらに生産終了までアメリカの先駆的な工場現場であり続けた。トヨタがアメリカで行った経営は、何が現地で受容され、何が課題として残っ

たのであろうか。そこには、日本的経営の先進的な面と克服すべき面、いわば光と影が内包されており、グローバル化が進む現在においても本質に触れるものがある。

　そして、1990年代に入り、世界は中国に注目するようになる。日本企業も、改革開放政策のもと経済発展が著しい中国市場への認識を深化させ、対中投資を急速に拡大し、欧米から中国を中心とする東アジアへと生産拠点シフトを進めた。その時代を代表する事例の1つとして、東芝大連社（東芝大連有限公司）*4の進出がある。

　東芝大連社は、1991年9月25日に中国大連市の経済技術開発区に設立され、1993年4月1日に操業開始した。現在（2015年2月）も、一般産業モーター、テレビ、PC用チューナー、医療機器などの製造販売を行い、事業を継続している*5。東芝大連社は、人材の重視が大連市に認められ表彰されるなど、日本のものづくり経営・文化が中国で受け入れられた事例である。東芝が大連で行った経営は、日本の経営の特徴を活かし、さらに磨きをかけたものであった。東芝大連社は何を試みたのか、そこでの成果と課題（いわば光と影）は何であったのかが問われよう。

　上記2つの事例にみるアメリカ、中国への経営移植は、職種は違えども日本的経営の特徴や課題をみるうえで興味深いものがある。確かに両事例には、(10年近い歳月を経ての1980年代と90年代という) 時代の違い、(両進出先にみる) 文化習慣の違い、(成熟国と新興国という) 経済発展段階の違いなど、種々の違いがみられる。むしろ、そうした違いゆえ、比較検証はより興味深いものになるとみられる。

　四半世紀前後経た今日、グローバル視点から、日本的経営の特徴と課題に光をあて、日系企業におけるグローバル経営のあり方、その創造的展開について、考察する。

2. 日本的経営にみる評価の変遷

　まずは、日本的経営の特徴をあらためて検証し、日本的経営をグローバル視点から再評価したいと考える。日本的経営とは、必ずしも一義的な定義付けがあるわけではないが、日本企業のもついくつかの特徴をまとめて、「日本的経営」と呼ばれている。本書においては、日本企業の経営システムとりわけ雇用慣行と働き方・働かせ方にみる長短とその組み合わせを日本的経営[*6]として捉える。

　日本的経営が隆盛を極めた1950年代後半からの先行研究の変遷を辿ることから始める。

2.1　1950年代後半～1970年代の日本的経営の評価

　「日本的経営」は、1950年代後半からの高度成長とともに着目されるようになる。歴史的に振り返ると、日本企業に関する先駆的な研究として知られるジェーム・C・アベグレン（1958）は、1950年代の日本企業（製造業で従業員2000名以上の大企業と従業員200名以下の小企業計53社）を対象とした日本の企業調査をもとに、日本的経営の特徴を「終身雇用」、「年功序列」、「企業別組合」に集約した。

　アベグレンは「日本的経営」にみられる終身雇用や年功序列、人の和の尊重といった慣行を、時代遅れの慣行として指摘しながらも、その後進性が、欧米から導入された新鋭の生産技術と結びつくことによって、驚くべき機能を発揮しキャッチアップをもたらしたと説いている。

　さらに、1970年代に入ると、エズラ・ファイヴェル・ヴォーゲル（1979）は、戦後日本の復興と高度な経済発展要因を分析し、それらは、長期計画、終身雇用制、年功序列制、従業員の会社への忠誠心とし、「日本的経営」を高く評価している。

　日本的経営は、1950年代後半～70年代前半の日本経済の高度成長や1980年代後半の日本企業のグローバル戦略における国際移転の一定の成果

などとあいまって、称賛された。しかし、1990年代以降におけるバブル経済の崩壊と景気低迷の中で、その評価は大きく低下し、「失われた20年」を経て今日に至っている。

2.2 中根による「場の共有」論

　日本的経営を考察するうえで、日本の社会構造の中で捉え直すことが欠かせない。中根（1967）[*7]は、タテ社会、ヨコ社会の概念に基づき、日本社会にみるタテ型構造を浮かび上がらせた。一定の個人からなる社会集団の構成要因を「資格」と「場」に大別し[*8]、日本の社会は、「場の共有」を基本とするタテ型ネットワーク社会であると捉えた。タテ型ネットワーク社会は、人と人のつながりを何よりも優先する人間関係に基づく社会であり、論理より感情が優勢し、それが重要な社会的機能をもっているという。その見方は今や、日本社会において普遍的なものとなっている。

　「場の共有」とは、いつも一緒に顔を合わせる中で、明確な言葉はなくとも通じあうことである。いわば、暗黙知の共有に他ならない。前述のアベグレンやヴォーゲルは日本的経営のシステムに着目し、その特徴を終身雇用や年功序列においた。それは、「場の共有」を図るシステムでもあり、そこで生み出される暗黙知の共有と、それに基づくタテ型ネットワークの威力が、日本的経営として評価された、とみることができる。

　しかし、場の共有は、人と人との直接的な関係に基づくゆえ、人的資源に深く偏って依存しやすい。果たして、人的資源に過度に依存する日本的経営は、グローバルに通用するのか。それを実証分析したのが、島田（1988）であった。

2.3 島田による日本的経営の普遍性論

　1980年代になると、日本企業の海外直接投資が急増し、1980年代後半は円高を機に日本企業の国際分業化が進み、海外移植、海外移転の問題が浮上するに至る。日本企業の経営・生産システムにおける国際移転の「適用・適応」論が活発となり、普遍性・特殊性をめぐる議論がなされた。その時代の実

証研究[*9]の代表的な研究をとして、島田晴雄『ヒューマンウエアの経済学』が挙げられる。

島田は、米国における日系自動車企業の生産システムを対象に、日本的経営の海外移植・移転に日本型ヒューマンウエア技術が現場でどのように受けとめられ、どのようなインパクトを与えているかを比較分析した。島田は、ハードでもソフトでもない「ヒューマンウエア」という側面に着目し、ヒューマンウエア技術の核には異文化を超えて通用し適用しうる普遍性をもっていると捉え、日本的経営の称賛論として評価された。

日本型ヒューマンウエア技術は、日本社会の中で育まれたものであり、社会的・文化的要素が刻印されている。しかし、島田は、日本的経営の特徴として社会的関係、文化的要素があると認めながらも、文化的要素は日本企業が育ててきたヒューマンウエア技術の本質的要素ではないとしている。

2.4 十名による人的役割論

十名（1993）[*10]は、日本的経営にみる先進性と後進性、いわば光と影の両側面を、「日本型フレキシビリティ」概念を軸にシステムとして統合的に捉えるとともに、その独自な視点から、島田（1988）のヒューマンウエアの本質を分析している。ヒューマンウエアの核心は、「人的役割」論であり、社会的、文化的要素をその本質にせざるをえない。それゆえ、「社会的関係」や「文化的要素」を本質とみると、日本型ヒューマンウエア技術は、その閉鎖性や重層的差別構造という非普遍的な側面も浮き彫りになると指摘した。

そのうえで、「日本型フレキシビリティ」を活かした日本的経営の21世紀モデルとして、日本特有のリジディティ（いわば「日本型フレキシビリティ」の負の側面）を克服し、個の自立性と創造性を活かすべく、先駆的な英知と理念を内包した真にフレキシブルなシステムへの変革を提言している。

2.5 野中・竹内による日本的経営の再評価としての『知識創造企業』

人的役割論を新たな視点で捉えたのが、野中・竹内（1996）[*11]の『知識創

造企業』であった。最初に英語で出版されていることからも、グローバルな問題意識が伺える。

同書は、1970～80年代の日本企業を取り上げ、その成功要因を独自の理論体系に基づき説明したものである。日本企業が意識的・無意識的に開発し実践してきた経営原理を「組織的知識構造」と捉える。日本企業の知識構造の特徴は、暗黙知から形式知へ、さらに形式知から新たな暗黙知が生み出されるプロセスにあり、そこで組織の「知」が創られるとしたSECIモデルを提示し、世界的評価を集めた。

これは、前述の中根（1967）の「場の共有」を、動的なプロセスとして捉え直したものとみることもできよう。SECIモデルは、暗黙知が形式知へ、また逆に暗黙知へ変換される循環システムであるが、このプロセスには、人と人との関わりで構成される「場の共有」が大きな影響力をもっているからである。

野中らは、なぜ日本企業が成功したかについて「組織の最も基本的で普遍的な要素である人間知」[*12]にあると述べている。このことからも、人と人との関係性を重んじる「場の共有」が日本的経営の特徴と捉えていることが伺える。

しかし、日本企業は1990年のバブル崩壊以降、経済が低迷し思うように再起できないでいる。世界的に評価される研究であり、方向性を示す道標にはなった。しかし、そのような強みを有する日本企業が、なぜ長らく低迷を余儀なくされ、韓国企業や中国企業などの後塵を拝することになったのか。本書は、それを解く処方箋として示唆は与えたものの、その原因を解明するものには必ずしもなっていない。

組織的知識構造は、日本企業が海外へ進出したグローバル規模でも有効であるとしている。しかし、ここで事例としてあげられている2つのケースは、いずれも欧米の資本主義でのケースであり、共産党独裁による社会主義市場経済の中国で適用されるかは定かではない。

2.6 荒川による中国日系企業への適用モデル論

日本企業は1990年代以降、対外投資は欧米主体から中国への投資へと注力していった。荒川（1998）[*13]は、中国大連に進出した東芝大連社を事例に挙

げ、東芝大連社の成功プロセスを纏め上げ、日本的経営が中国で適用・適応されていること明らかにした。

その成功要因は、これまでの日本の製造文化の暗黙知であった部分を、形式知に転換した経営モデルに展開させたことであり、これを立証した。そして、この形式知化を図るシステムは、日本の製造業が世界の何処に進出しても、世界最高の「モノづくり」を実現できるノウハウがあることを明らかにした。グローバル化が進む中で、日系企業の現地展開を進めるモデルの1つとなった意義のある研究とみられる。

しかし、それは光の側面に特化したモデルの提示に他ならず、その影に潜む中国日系企業にみる現地経営の課題についてまで深く掘り下げるには至っていない。

3. 日本的経営の長所と短所

以上、これまでの日本的経営の評価の変遷により、長所と短所、かかる課題は、次のようになる。

3.1 日本的経営にみる長所

日本的経営モデルの特徴として挙げられた基本的な要素は、「長期雇用」「年功序列」、「企業別組合」の3点であり、日本経済の高度成長をもたらした「三種の神器」とされた。

一方、十名（1993）は、日本的経営の核として、とくに日本型生産システムのソフトウエアにおけるフレキシビリティとそれを支える人的役割に注目した。日本型生産システムのソフトウエアとしては、多能工化、ジョブローテーション、職種区分の単純化（チーム制作業単位）とチームワーク、小集団によるカイゼン活動と提案制度、各工程における品質の作り込み、作業手順の現場管理、等を挙げている。

それらをふまえ、日本的経営を次のように捉える。すなわち、日本的経営のコアに、「長期雇用」「年功序列」「企業別組合」による経営慣行と組織文化がある。さらに、それと適合すべく構築された「多能工化」、「ジョブローテーション」、「OJT」、「QCサークル」などの生産システムおよびそれを支える労務管理システムなどがある。これらのシステムは、「人」と「人」を繋ぐ「場の共有」から成り立つものであり、このような人的資源と深く関わる構造[*14]に、日本的経営の特徴がある。その成果として、高品質、低コストを実現させ、日本の国際競争力を高めたことが、日本的経営の長所の側面といえよう。

3.2 日本的経営にみる短所

一方で、「多能工化」にもとづく柔軟な職務構造は、きめ細かな連携・調整に依存する度合いが極めて強く、「人」対「人」のフェース・ツウ・フェースの緊密なコミュニケーションに基づいている。それによって、人間関係を維持するために、労働者を、チームへの忠誠心、競争関係に巻き込み、長時間高密度労働へ追い込む傾向が蔓延しやすい[*15]。

しかも、チームワークを優先するあまり、その組織やチームでの運命共同体に疑義をはさむものは異端者として見られ、徹底して排除され冷遇[*16]されやすいともいえる。

さらに、人事評価に関わる情報は、「日本的経営においては非公開の傾向が極めて強い」[*17]のも特徴である。人事考課において、考課の基準、能力評価のモノサシそのものは必ずしも明確でなく、企業内における労働者支配のインフォーマル性[*18]が、根深く生き残っている点もみられる。人的要素に依存することにより、過度な労働負荷や個人への干渉にブレーキが効かず、人権侵害へと陥りやすい構造は、日本的経営の短所と考える。

3.3 日本的経営の課題

1990年代以降の景気の低迷によって、雇用システムにも変化がみられる。年功序列については、企業の人件費負担が著しく増加することによって、企業

は、定期昇給の廃止や成果主義賃金等の導入を進め変化している。

　他方、長期雇用についても、大きな変化がみられ、企業は非正規労働者を増大させている。企業は、「ひと」を「もの」のように扱う傾向が強まり、解雇することや非正規雇用に対する躊躇いも少なくなっているとみられる。より、日本的経営の短所としてみられた、(サービス残業を含む)長時間労働、過労死、過労自殺、それによるメンタルヘルスの悪化などの労働被害の問題も、深刻化している。

　このように、1950年代後半～70年代前半の日本経済の高度成長や1980年代後半の日本企業にみる国際移転での一定の成果などとあいまって、日本的経営モデルは特徴づけられ評価されてきた。しかし、1990年代以降のバブル経済の崩壊による日本経済の長期低迷の中で、日本的経営は袋小路に陥り、その解を見いだせないでいる。日本的経営の21世紀モデルは、今なお模索中であるといえよう。

　日本的経営の本質は、人的資源に依拠する構造にあるが、問題は人的資源への依存の仕方にあるとみられる。それは、場と暗黙知の共有に基づくインフォーマルなタテ型システムとして機能し、ある局面では集団としての強みになり、場や状況が変わると個の創造性や人権を阻害する弱点にもなることを示唆している。

　日本企業の海外投資が本格化して30年以上経過した今、世界経済のグローバル化は一層進み世界は大きく変化している。21世紀は、さらに人的資源を活かすことが重要になることは明らかである。あらためて、グローバルな視点から日本的経営の光と影の両側面に目を向け、その本質と全体像を捉え直すことは、この先の海外における日本企業の進むべき方向性を示すうえで価値のあるものと考える。

4. 日本的経営の米国展開への挑戦

　日本的経営の長所と短所、かかる課題を考察したうえで、トヨタの米国展開

の先駆的事例となったNUMMIの経営に焦点をあて、アメリカ展開における「日本的経営」の光と影として捉え直す。

4.1 トヨタの米国展開への挑戦

　1979年の第二次石油危機後、小型車へのシフトが加速するなかで、米国の自動車メーカーは苦境にたつ一方で、1980年、日本の自動車生産は、1,000万台を突破し、米国を抜いて世界一になった。第一次石油ショックに端を発した国際小型車戦争では、日本車メーカーは2度にわたる石油ショック、対米輸出規制、円高不況等の危機を乗り越え、圧倒的な勝利を収めた。対米国との日米摩擦が深刻になり、米国は、日本の自動車メーカーに対して対米投資を行い、現地生産を行うことを要求し、対米投資を行わなければ日本車を輸入規制すると迫った。1981年日本は自動車の対米輸出自主規制を表明している。

　こうした背景から、1984年2月21日トヨタとGMの合弁であるNUMMIは、サンフランシスコ近郊、1982年から閉鎖していたGMのフリーモント工場を活用して設立した。資本金は2億ドル、出資は、50％対50％の持ち分（トヨタは現金、GMは現金ならびに工場の建物）であった[*19]。GMにとっては、開発費のかからない小型車供給とトヨタ生産方式の習得は大いに魅力であり、トヨタにとっても米国企業との協業による保護主義鎮静化と米国における経営ノウハウの習得は得難いものであり、双方にとって合弁はメリットのあるものであった。

　双方の主な契約内容は、GMは、トヨタが工場運営を管理することに同意し、トヨタは、旧フリーモント従業員を採用すること、UAW（全米自動車労働組合）を新会社の従業員にすること、米国自動車産業の一般水準の賃金、付加給付を支払うことを承認した。

　UAWは、トヨタ生産方式を受け入れること、多岐にわたる職務分類を大幅に削減すること、協約期間中は会社が工場閉鎖などロックアウトを行わないことの引き換えに、ストライキ権を放棄すること、チーム制を導入すること、出勤率を付加給付受給資格の一要素にすることを同意した。相互補完の関係でNUMMIは、スタートしたのである。

　NUMMIの工場開所式で、豊田英二会長は「日米自動車産業の良い点を

組み合わせ、国際的にもすぐれた生産システムを作り上げ、米国自動車産業の活性化に貢献したい」と挨拶。これを受けてGMロジャー・スミス会長は、「この事業はトヨタとGM、それにUAWが新たな挑戦のために手を結んだもので、東洋と西洋の英知が結集したものだ」と結んだとある[*20]。

4.2 米国現地経営にみる光の側面

1984年に設立したトヨタとGMの合弁工場NUMMIは、この時期を代表する事例であり、また、アメリカにおいて日本的経営が受容された事例である。多くの研究者がNUMMIを事例に、日本的経営とは何か、日本企業の経営・生産システムの国際移転の特徴を明らかにしている。

NUMII経営では、企業の独特の生産方式や人的資源管理のあり方が、アメリカの現場労働者に一定程度の受容をされている。何が現場労働者の心を捉えたのであろうか。何がアメリカの経営のやり方と違ったのだろうか。NUMMI経営における成功要因は、日系企業の現地経営に大きな示唆を与えてくれるものである。

NUMMIにおいての成功、すなわち光の側面は、旧GMの工場と人員を使いながら、生産性が2倍以上にアップしたことなどにも示されている。むしろ、トヨタの生産管理の方法が、アメリカの現場労働者の潜在的なニーズにも合致し、一定程度、受容された点に注目したい。それが可能になった要因として、次の4点をあげることができる[*21]。

▶1 ── 人間尊重・平等主義

現場労働者に受容された要因は、現場での働きやすい環境づくりを行ったことによるとみられる。OJT（職業訓練）の実施、QCサークルの活用をはじめ、学び・考える環境づくりの工夫を凝らすなど[*22]、人間尊重、平等主義を一貫したことにより、勤労意欲、学習意欲が高まったのである。

▶2 ── チームワーク制の導入

NUMMIでは、設立当初よりチームリーダーを設け、5人から7人位で構成

されるチームを形成した[*23]。チームメンバーの意識を高め、特に現場では自分のチームの仕事を全てカバーできるようOJTで訓練した。そして、一人ひとりにチームの生産，品質，安全に責任を与え、作業者による作業方法の改善、多能工の育成（多職種訓練）、労働者の主体的参加意識を刺激する仕組みをつくるなど、職場で働く労働者が信頼しあえるチームづくりを醸成させたのである。

▶3 ── 自らの現場を自らの手で「標準化」

　第3は、職務区分を簡素化し職務範囲を弾力的にしたことである。それにより自らの現場作業を自らの手でカイゼンできるようにした。アメリカは、テーラー・システム[*24]の原理を基礎とし、作業者に固定的に職務配置がなされている。作業は、技術部門が作成した作業マニュアル通りのものを求められる。現場作業組織の最小単位は、「個」「単能工」の特質をもっている。これに対して、日本は、「職務」と個々の作業者との関係が弾力的である。作業現場の組織原理は、班と呼ばれる作業者集団に対して「職務配置」がなされる。現場作業組織は「班」であり、日常的な管理運営は、班長など現場の作業長が担い、現場主義で、作業範囲は広く「多能工」の作業員を求めている。

　NUMMIでは、これまでエンジニアや生産管理担当者が行ってきた仕事を、現場労働者が担うことになった。自分たちの知っている現場作業を自分たち自身で分析、改善できるという「標準化」のやり方は、仕事の責務が増え労働強化につながるも、自分の仕事、自分の職場生活を自分でコントロールできるという点で、現場労働者の気持ちを捉えた。

　その他にも現場労働者の関心を呼んだのは、現場主義による全員検査体制である。アメリカの自動車メーカーでは品質チェックは最終検査工程で不良品を発見して除去するという考え方が伝統的であり、検査の担当者とラインの作業員の仕事は明確に区分されていた。しかし、トヨタでは、各工程で常にチェックし異常が発見されたらラインを止めてでもその場で解決する方針がとられている。原因を追及し問題が再発しないように工夫する全員検査体制がこれまでの生産工程と検査工程の分業体制と違い、現場労働者の関心を呼んだのである。

　その結果として、NUMMIは、品質について高い評価を得ている『コン

シューマーリポート』誌の信頼度指数（5点満点）でアメリカの多くの企業が2〜3点であるのに対し、NUMMIは、3.6〜3.8の水準であった。GM内部で行われる品質評価（145点満点）では、135〜140点でGMの工場のなかでおおむねトップに位置していたという[*25]。

▶4 ── 労使の信頼関係構築

GMの工場はすべてUAW（全米自動車労組）に組織されており、NUMMIは新会社であるとはいえUAWの組織から独立することは難しく、適切な関係を形成する必要があった。

労働協約は、米国労働史上画期的なものであるといわれた。それは、労使協調を基本的精神とすることで、労働組合との信頼構築に積極的に対応した[*26]。これらは、米国労働運動史上においても、画期をなす「成果」とみられる。

4.3 米国現地経営にみる影の側面

一方、NUMMI経営には影の側面、すなわち克服すべき課題も少なくなく、次の4点を挙げることができる。

▶1 ── ホワイトカラーへの受容の難しさ

NUMMI経営の課題は、ホワイトカラーや中間管理職には受容されなかったことである。その原因について、島田（1988）は、日本企業の行動の問題点をいくつか挙げている[*27]。

第1に、アメリカ産業社会あるいは企業社会における報酬の構造やキャリア形成のあり方が日本と異なるため、アメリカ人管理職に日本人のような無制限な情報共有や教え合いを期待できないということである。彼らは、企業組織の中で自らの才能を積み重ねてキャリアを築いていくことであり、無制限な情報の共有は、ライバルに情報を提供することになり、自身のキャリア形成に不利な場合がでる。もし、彼らに情報共有や教え合いを期待するならば、報酬の構造やキャリア形成のあり方を根本的に変える必要がある。すなわち、生涯の報酬が長期的に保障されるということである。それは、一時的な雇用の色彩が強い

雇用関係では難しいことである。

　第2は、日本の経営者が外国人管理職を経営幹部の要として本気で育てようとは思っていないこと、また企業のあり方としてもそのようになってはいないということである。現地管理職は強い不満をいだき、彼らの士気を低下させている。

▶2 ── 均質性、集団主義、同一思考性の強要

　十名（1993）は、NUMMIの採用選考の基準が何よりもチームワークに対する適正あるいは協調性におかれていることに課題がある、と指摘している[*28]。資格や技能・経験といった客観的な基準によるのではなく、「チームワークに対する適正あるいは協調性」という主観的な基準による選考は、企業・チームのカラーから逸脱するものを排除することにつながりやすい。それは日本特有の集団主義、均質性であり、個人主義の強いアメリカ社会にとっては「強要」と受け取られかねない。

　チームワークは、現場における情報の交換と共有、相互学習、サークル活動などの組織文化を形成し、仕事の効率化に寄与する一方で、活動に協調しないもの、あるいはチームにあわないものは、異質分子として組織から排除されるようになるのである。これらについて、十名（1993）は、「日本型集団主義の閉鎖性・排他性・差別性が凝縮して示されている」[*29]と指摘している。

▶3 ── 秘匿される人事評価

　十名（1993）は、人事評価に関わる情報は、日本的経営において非公開の傾向が強い。その評価基準も、仕事の成果よりも「態度や行動パターン」を重視する傾向がみられ、長時間高密度労働に追い込む仕組みを内包していると指摘する[*30]。

▶4 ── 工場内と外での情報ギャップ

　日本企業は、自社の実態や主張を正しく理解してもらうための適切な情報戦略が十全ではなく、工場の外では、塀の中で何が行われるか理解されにくい。それがアメリカ社会からの信頼感の低下につながる側面でもある。

図表2-1 NUMMI経営にみる光と影

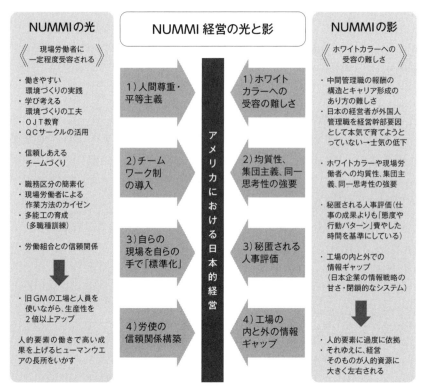

出所：島田晴雄（1988）『ヒューマンウエアの経済学』岩波書店および十名直喜（1993）『日本型フレキシビリティの構造』法律文化社、を参考にして筆者作成

　以上のように本節では、NUMMI経営における光と影を比較した。それを相対的にまとめたものが図表2-1である。上述のとおり、光の側面（成功要因）では、現場労働者に一定程度受容されたことである。人的資源の働きで高い成果をあげ、人的資源の長所を活かした。影の側面（課題）では、ホワイトカラーには、受容が難しかったことである。人的資源に過度に依拠しているため、経営そのものが人的資源に左右されるというマイナス要因も含まれている。

5. 日本的経営の中国展開と課題

　前節では、NUMMI経営にみる光と影の側面を分析した。日本企業はアメリカ進出後、何を学び変革させ中国へと進出したのであろうか。日本的経営の何が移植され、そして残される課題は何か。本節では、中国展開の事例として東芝大連社の経営を分析し、中国展開における「日本的経営」の光と影を明らかにする[*31]。

5.1 東芝にみる中国展開への事例

　東芝大連社（東芝大連有限公司）は1991年9月25日に中国大連市の経済技術開発区に設立した。操業は、1993年4月1日からである。資本金は、9605.65万ドル。設立当初は主に、一般産業モーター、テレビ用基板への電子部品実装、ブラウン管の偏向ヨーク、コンピュータに使用する電磁遅延線の4品目の生産・販売を目的にスタートした。1994年からは、ビデオのドラムを稼働するドラムモーター、95年には、テレビ、ビデオ用チューナー、96年には、ビデオドラムの組み立て・ドラムの機械加工と次々と生産品目を追加している。従業員は1,348人そのうち、日本人出向者は18名であった（1997年1月現在）。

　設立当時の東芝大連社の目標は、アウト・イン（中国でつくった部品を日本に輸入する）であり、世界に通用する品質の製品をつくることであった。東芝が大連に進出をした理由は、よい土地が低価格で得られる、よいホワイトカラー、マネジャー（中間管理職）が得られる、インフラが発達している、宗教問題、人種問題がない、日本語の通訳・翻訳人材が多い、親日感情も高いなどを挙げている[*32]。

5.2 中国現地経営にみる光の側面

　中国改革開放政策による経済発展の加速は、中国市場に対する認識が深化し、対中投資が急速に拡大した。90年代初頭、日本企業は、欧米諸国への進

出から、東アジアへの進出にシフトし、生産拠点は、中国を中心とする東アジアへと移行した。こうした背景のなかで東芝大連社も中国へ進出した。東芝大連社を事例にあげる理由については、東芝大連社は、日本型生産管理を中国でより高度化させ、生産管理の手法やものづくり文化を東芝大連社に見事移植することに成功させた企業であったからである。そして、その成功体験は東芝の世界の生産拠点づくりに応用するモデルケースになった。東芝大連社にみる成功要因、すなわち光の側面は次の4つにあるとみられる。

▶1 ── あらゆる作業の再定義化（暗黙知から形式知へ）

東芝大連社の光の側面は、暗黙知[33]を形式知化し、さらにそれを再定義化したことである。中根（1967）は、日本の社会は、「場の共有」を基本とするタテ型ネットワーク社会であると位置づけ、いつも一緒に顔を合わせる中で、明確な言葉はなくとも通じ合う、暗黙知の共有にある[34]、としている。

しかし、文化・習慣が違う中国では、暗黙知は通用しない。暗黙知は、日本の製造業が海外進出し品質管理を現地化する際の大きな障壁になっている。暗黙知の最大のデメリットは、何のためにそれをするかという目的と過程が曖昧になっていること。文章化していていないため憶測で互いに行動して、物事の真実がみえにくくなることである。暗黙知に頼った経営は、製造業のみならずあらゆる日本的システムのグローバル化に阻害する要因の1つと考える。

自動車先進国アメリカへのトヨタの進出（NUMMI）とは異なり、東芝大連社は、初めて製造業の現場で勤務する人たちへ、ものづくり文化の移植をしなければならず、暗黙知では限界があった。そこでまず、異文化のなかでの形式知化を徹底して行った。会社の経営方針、経営計画についても全社員に理解できるように形式知化し公表した。これは、中国人スタッフの間に会社への安心感、信頼感を生むことにつながった[35]。

会社内だけにとどまらず、行政（大連市）に対しても形式知によるコミュニケーションを展開した。生産管理技術を国有企業に、人事に関する規則・規定を文書化して大連市に提出した。これらを公開することによって、日本企業が何を考え、どういう企業文化をもっているか理解してもらえるように務め、外へ向けての情報発信をしていった[36]。

次に、あらゆる作業を文章化した。文章化は、すべてのことを明示化し定義し直すことを意味するが、それを全工程で行ったという[*37]。例えば、なぜこのレイアウトを採用しているかを日本人社員に聞いても「親会社でやっているので…」としか答えられない。同じ作業を何年も繰り返すうちに、現状ラインに疑問をもたずその意味を考えないことが生産現場に染みついてしまっていたのだ。東芝大連社では、工程の意味および運用方法を明示化し定義し直したのである。

　こうした工程の意味がすべて明らかになったことで、中国人社員の働きがみるみる変化していった。意味・意図がわかることで、どうしたら課題が解決するのか自分で考え、行動するようになり高度な目標を達成していった。この再定義化は、中国人社員の勤労意欲を向上させた。それのみならず、日本人エンジニアの仕事への理解を深めブラッシュアップする効果もあったということである[*38]。定義化することは、物事の本質やその意味を確認、共有することであり、企業経営を再構築するにあたっては、最も重要なことであるといえよう。

▶2── 小集団活動の導入

　東芝大連社では、小集団活動の導入を図った。小集団活動の導入によって、現場の同じラインで働く小さな集団のなかで品質向上の活動を行ったのである[*39]。

　小集団活動の成果としては、1996年大連市QCサークル大会で1位2位を占めた。同年、中国電子工学部主催の全国規模のQCサークルで45の主要都市および省から120チーム参加のなかから優秀賞を受賞、世界大会への出場資格を取得している。

　また、東芝大連社は、ポンプアップ経営を目指したことも成功要因として考えられる。ポンプアップ経営とは、東芝が80年代後半から東芝経営手法として行ったものである。欧米流のトップダウンを主体としながらも、従来の日本的経営のメリットであったボトムアップつまり全社員参加で経営改善のための努力を続けていくという手法である。

　しかし、経営のスピードが遅くなる。下からの情報があがってから判断するのでは、ビジネスチャンスを逃しかねない。ポンプアップ経営とは、欧米・日本

の良い点をミックスさせたものである。

▶3 ── 中国人中間管理職によるカイゼンの徹底

日本の生産管理法をベースに、中国人の作業長や製造長の手によって中国人現場労働者に適した手法に改善され、それらが徹底された[40]、ことである。

例えば、現場に掲げられている不良品の発生率の改善をグラフ化する場合、日本は、ライン、グループごとに表示されるが、東芝大連社は、個人別に表示される。個人の責任意識がはっきりするのは、中国人に馴染むという。

また、作業の標準化は、日本の生産現場で行われている手法であるが、東芝大連社は、作業の標準化を徹底的にすすめるため、作業員が立つ場所、部品をもつ手の指示、作業の順番まで標準化している。中国人にとっては、この方がむしろ「いちばん楽で効率的な方法を指示してくれるのだから、嫌なはずがない」[41]という。

このような標準化、カイゼンは、日本人管理者によって中国人に押し付けたのではなく、中国人の中間管理職を育成し、彼らに管理を任せたことが成功要因といえよう[42]。

▶4 ── 労使の信頼関係

東芝大連社では、93年に工会[43]を設立している。中華全国総工会を筆頭に、遼寧省総工会、大連市総工会、開発区総工会、その下に東芝大連社工会があるという階層構造となっている。東芝大連社の場合は、日本人を除く中国人で構成され、工会のリーダーである工会主席は、中国人の課長クラスの共産党員の中から選挙で選ばれている。東芝大連社では、共産党員を採用したことでその対応は非常にうまくいっているという[44]。

5.3 中国現地経営にみる影の側面

東芝大連社は、日本型生産管理を中国で見事移植することに成功させた企業であったが、その一方で克服すべき課題も少なくない。影の側面としては、次の3つを挙げることができる。

▶1 ── 徹底した個人別管理

　東芝大連社では、生産活動に必要なものを短期間で軌道にのせるため、徹底した個人別管理を行っている。作業能率・質などを徹底して個人別にデータ化[45]し、それらはすべて各職場に掲示され、目視化されている[46]。自分のレベルは他の人と比べてどのレベルであるかが一目瞭然で、これらは、成績評価にも反映されたという[47]。

　荒川（1998）は、個別管理の徹底は大連東芝社の成功要因としているが、これは、チームの中で誰が優れて、誰が劣っているかの他者とを比較した厳しい管理ではなかろうか。そこには、個人の権利やプライバシー、個性、ライフスタイルまでも管理されているようにみえ、人間尊重にはほど遠い側面もみられる。

　これらの徹底した個別管理は、アメリカ進出のときにはなかった。先進国のアメリカ進出と新興国である中国進出での大きな違いであろう。中国では、初めて製造業に勤務する人たちであり、企業人としてあるべき姿が何であるかを理解することも、その技量も乏しかった。徹底的に管理し、教え込むことが、1980年代から1990年代の中国では、日本企業が進出にあたり必要だった。アメリカと中国の経済的、社会的成長の違いが大きく影響していると考える。

　しかし、労働契約法が存在する現在の中国において、当時と同じような管理をすれば、現場労働者の権利意識の高まりや情緒的なものにより、やり過ぎと敬遠されるであろう。その結果、過度な労働負荷や個人への干渉といった人権侵害になりかねず、企業に対する不満にもつながりかねない。

▶2 ── 日本人管理職中心の経営

　東芝大連社を成功に導いたのは、中国人中間管理職の健闘はあったもののそれを統制する当時日本から出向したベテランの管理職であった。東芝にとって戦後初めて中国に直接投資する現地法人であり、現地経営には経験豊富な経営陣が集まった。設立当初は、19名の日本人スタッフがプロジェクトに関わっている[48]。東芝大連社を成功に導いたのは、日本人管理職の努力が結集した結果といってもいいであろう。

　しかし、日本人管理職中心の経営は、中国人管理職の育成を阻む要因にもなりかねず、現地化の遅れにつながるなど影の側面もみられる。中国が世界市

図表2-2 東芝大連経営にみる光と影

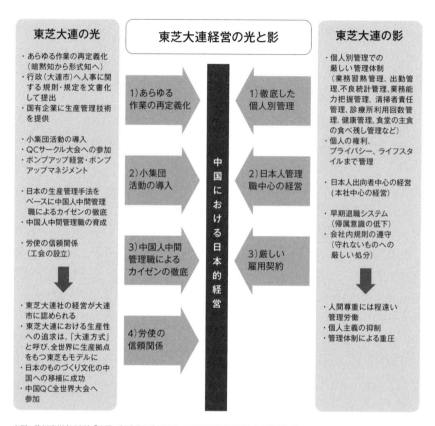

出所:荒川直樹(1988)『中国で製造業は復活する』三田出版社を参考にして筆者作成

場となった今、中国市場で勝ち残るためには、程(2012)は「人」の現地化が、もっとも重要な経営課題としている[*49]。

　一方で、現地の経営を任せられる人材の確保に苦労している企業も未だに多く、日本企業の人の現地化、マネジメントの現地化は大きな課題である。グローバル視点による人事管理によって現地の人的資源の効率的活用が一層求められている。

▶3 ── 厳しい雇用契約

　東芝大連社は、すべての社員を2年契約にして早期退職システムを導入していた。現在は、労働契約法が制定[*50]され、2年間の契約は限られたものになっているが、当時は、それが許されており、2年後に更新か退職かを通知されていたという。企業にとっては、人員の流動性を高めることができるが、本人の意にそぐわない退職事例も生まれるなど、帰属意識を低下させる要因でもある。

　また、東芝大連社は、会社内の規則を遵守させ、規律正しい企業文化を目指した。このため規則を守らない者に対しては、懲戒処分も辞さなかった。懲戒の内容は、社員全員が見える場所に表示して周知を図った。具体的な内容としては、「無断欠勤はイエローカード、3枚溜まったら懲戒解雇」[*51]などである。これらの内容は、懲戒委員会をつくり中国人自身につくらせた。

　現在の中国労働契約法では、懲戒解雇の内容は厳しくなっているため、数回の無断欠勤で懲戒解雇はありえない。当時としても厳しい処分であると考える。なかには、法廷闘争をした事例もあるという。それだけ、制度を厳格に運用させなければ徹底できなかったという背景もみえてくる。

　以上のように本節では、東芝大連社経営にみる光と影を比較した。それを相対的にまとめたものが図表2-2である。上述のとおり、光の側面（成功要因）では、行政に対しての形式知コミュニケーションにより、東芝大連社の経営が大連市に認められたこと、東芝大連社における生産性への追求は、「大連方式」と呼び、全世界に生産拠点をもつ東芝のモデルになったこと、日本のものづくり文化の中国への移植に成功したことなどがある。影の側面（課題）では、徹底した個別管理による個人主義の抑制など管理体制の重圧がみられたことである。

6. グローバル視点からみた日本的経営の強みと弱み ── 特徴と課題へのアプローチ

　NUMMIと東芝大連社の経営についての光と影の両面分析をふまえ、両社

において結実した日本的経営とは、どのようなものであったか、その特徴と課題を以下に総括する。

6.1 現場労働者管理にみる日本的経営の強み

　NUMMIにおいては、役員の指定駐車場区を廃止したり、幹部社員と一般社員との間で食事スペースを区別しないようにしたこと。東芝大連社では、働きやすい環境づくりの実践、学び考える環境づくりの工夫など、人間尊重と平等主義は、2社にみる共通項であった。「人間尊重」「平等主義」は、現場労働者管理にみる日本的経営で評価されるところであり、2社ともに生産現場の労働者にはかなり受け入れられた。また、チーム制の導入、小集団活動を重視し、チームワークで仕事をする多能工を目指し、効率化を図ることで、働きやすい職場環境を整え、勤労意欲、学習意欲を高めた。
　すなわち、「現場主義」「人間尊重」「平等主義」など、現場に依拠し人的資源を重視する経営哲学や戦略は、現場労働者管理にみる日本的経営の強みとして捉える。

6.2 ホワイトカラー管理にみる日本的経営の弱み

　一方、日本的経営の弱点として浮き彫りになったのは、日本人管理職を中心とする経営[52]が、現地ホワイトカラーのモチベーションを下げるなど管理や経営を担う人材を組織化できず、ホワイトカラーには受容されなかったことである。これを、ホワイトカラー管理にみる日本的経営の弱みと捉えた。
　日本企業にとって、海外子会社経営を日本人の管理職に任せることは、日本人のオールラウンドな目配りとさまざまなレベルでの媒介機能、そして技術・ノウハウがあらゆる隙間を埋め、親子間のギャップをカバーするのに役立ち、即、日本的経営を体現できる。このような人材を育てたことが日本的システムの最大の強みとしながらも、これは裏返せば、派遣日本人なしで、あるいはその数を大幅に減らして自立できる現地日本企業が少ないことを意味している[53]。さらに、日本人管理職の比率が高いことは、現地ホワイトカラーの昇進機会を奪

うことにもなりかねず、日本企業の現地化が進まない要因でもある。

ジェトロ投資白書1990年では、日本的経営は人間尊重、平等主義、継続的訓練、雇用保障などが評価され、生産現場の労働者には受け入れられているが、解決が難しいのがホワイトカラーであり、幹部社員の人事管理、トップの現地化には各企業共に取り組みつつあるものの、なお多くの問題をかかえていることを指摘している[*54]。この課題は、20年以上経った今でも同じ課題を抱えているのである。

日系企業にみられる本社への依存、日本人管理職・派遣者中心の経営は、日本的経営そのものに内在する基本的な特徴の1つである。日本企業という「場」と文化のなかで育まれた暗黙知と裁量に依拠するというタテ型ネットワークのはらむ負の側面が、異文化社会の中で顕在化しており、どう脱却するかが問われている。

白木（2013）は、本社からの技術・経営ノウハウの移転のためにそれ相応の派遣者数が必要であるが、それは「日本人」派遣者と限定するのではなく「派遣者は本社の経営理念・方針・技術・ノウハウを体現していることが重要」と述べている[*55]。

国籍に関係なく、本社の経営理念を共通価値の軸として、各国、各地域の現地法人がもつ潜在能力を引き出し、その能力を創造的に展開できるリーダーづくりが求められているといえよう。

7. おわりに

本章では、まず日本的経営が隆盛を極めた時代からの先行研究の変遷を辿り、日本的経営の長所と短所、かかる課題について考察した。

次に、グローバル視点に立ち、米国現地経営と中国現地経営という2つの海外現地経営の到達点と課題、いわば光と影を分析し、日本的経営は、人的資源に依存しやすい構造にあり、問題は、その人的資源の活かし方にあること、それは強みにもなれば、弱みにもなりうることを検証した。

米国現地経営の代表事例であるNUMMIにみる経営の光の側面は、現場主義、人間尊重、平等主義、チームワークなどによって現場労働者に一定程度受容されたことである。逆に、ホワイトカラーに受容されなかったことは、彼らのモチベーションを高める要素が日本的経営に少ないためとみられ、影の側面とみることができる。

　一方、中国現地経営の代表事例である東芝大連社にみる経営の光の側面は、細部にわたり仕事の定義化を図り、暗黙知の形式知化を進めたことである。とくに、生産現場の工程を定義したことによって、作業者のスキルは日本を上回るようにまでなり、海外拠点のモデルになった。その反面、管理の締め付け、日本人管理者中心の経営は、現地化の遅れの要因にもつながるなど、影の側面とみられる。

　両社の経営における光と影の両面は、日本的経営における現地、現場の強みと弱みとして捉え直すことができよう。これらを比較分析することによって、日本的経営にみる克服すべき課題は、ホワイトカラーや管理者など管理や経営を担う現地人材をうまく組織化できず、グローバル経営のネックになっていることである。こうした課題は、日本企業が海外に進出した当初からみられたが、30年経た現在においても克服できていないとみられる。

　この問いをさらに探究するべく、次章では、渋沢栄一、森村市左衛門らにみる「日本的経営」の原点を究明する。

注

＊1　以降、合弁会社ニュー・ユナイテッド・モーター・マニュファクチャリング社は、NUMMIと表記する。
＊2　トヨタ自動車75年史編纂委員会（2013）『トヨタ自動車75年史』トヨタ自動車。
＊3　トヨタHP　総合年表（2013.12.6取得）。(http://www.toyota.co.jp/jpn/company/history/75years/data/overall_chronological_table/2001.html)。
＊4　以降、東芝大連有限公司は、東芝大連社と表記する。
＊5　東芝によると（2013.11.29）薄型テレビの生産をしていた東芝大連電視有限公司（1997設立）は、薄型テレビ生産を12月末までで終了すると発表した。1997年から主に日本向けのテレビを生産していた。東芝大連社は清算し、900人いる従業員は経済保証金を払って原則解雇するという。
＊6　十名直喜（2012）は、日本的経営とは、日本的経営とみられる要素も、その多くは、欧米の経営方式が日本に導入され日本社会の伝統的な経営方式や文化と融合するなかで、日本企業に適応する形に編集され洗練されてきたものである。さらに、海外（とりわけ先進国）においても適用できる形に定式化されてきたものを、「日本型」として評価するようになり、「日本型経営」とも呼ばれるようになるとしている。

	『ひと・まち・ものづくりの経済学』法律文化社、11頁)。本稿では、「日本的」な特徴を捉える事を主とするため、「日本的経営」とする。
*7	中根千枝(1967)『タテ社会の人間関係』講談社現代新書。
*8	資格は、例えば、氏・素性といったように生まれながらに個人に備わっている属性、学歴、地位、職業など生後個人が獲得したもの。資本家・労働者・地主・小作人など、一定の個人を他から区別しうる属性による基準。場は、地域、所属機関など一定の個人が集団を構成している場合もある。
*9	実証研究として、注目された文献は、島田晴雄(1988)『ヒューマンウエアの経済学』岩波書店。安保哲夫他(1990)『アメリカに生きる日本的生産システム』東洋経済新報社など。
*10	十名直喜(1993)『日本型フレキシビリティの構造』法律文化社。
*11	野中郁次郎・竹内弘高(1996)『知識創造企業』東洋経済新報社。
*12	野中郁次郎・竹内弘高(1996)前掲書、序文。
*13	荒川直樹(1998)『中国で製造業は復活する』三田出版会。
*14	人的資源と深く関わる構造とは、「場の共有」に基づくタテ型ネットワークであり、「社会的関係」「文化的要素」「企業の組織文化」など日本社会の特有な環境のもとに形成された人的資源と強く結び付いているという構造。
*15	十名直喜(1993)、前掲書、98-99頁。
*16	十名直喜(1993)、前掲書、25頁。
*17	十名直喜(1993)、前掲書、124頁。
*18	十名直喜(1993)、前掲書、25頁。
*19	《合弁の覚書の内容》出所:トヨタ自動車75年史編纂委員会(2013)、前掲書、325頁。 ⅰ 新型小型乗用車を生産する新会社を合弁で設立することが目的であり、それ以外の協力関係の樹立をいとするものではない。 ⅱ 新会社への出身比率は、トヨタ・GMそれぞれ50対50とする。 ⅲ 新会社はトヨタ・GM双方から半数ずつ任命される取締役により運営され、業務執行責任者である社長はトヨタが選出する。 ⅳ 生産はカリフォルニアフリーモントの元GMの組み立て工場で行い、生産する小型乗用車は前輪駆動方式の新型車とする。 ⅴ 生産は1985年モデルイヤーのできるだけ早い時期に開始し、年産約20万台とする。 ⅵ 合弁期間は生産開始後12年以内とする。
*20	佐藤正明(1993)『巨人たちの握手』日本経済新聞社、284頁。
*21	島田晴雄(1988)『ヒューマンウエアの経済学』岩波書店を参考にし、その内容を咀嚼し独自の視点で、NUMMIの経営にみる光(成功要因)と影(成功の中に潜む課題)を分析する。
*22	例えばNUMMIで実践されたことは、役員の指定駐車場区を廃止、明るく見通しがよい受付の設置、大きなカフェテリアで全員が思い思いに食事をするスペースづくり、幹部職員と一般職員との間で食事スペースの区別をしない、中間在庫の置き場を除去、補助ラインや在庫スペースを大幅に整理、水飲み場や空調の設置、照明の明るさの変更などが挙げられる。
*23	GM時代は生産現場に,チームリーダーという職位は存在せず、チーム制という概念はなかったという。
*24	テーラーシステムとは、米国の機械技師F=W=テーラーが20世紀初頭に提唱した工場管理の方式。
*25	島田晴雄(1988)、前掲書、42頁。
*26	1983年9月にはUAW本部との間で「労使は共通の目的を達成する為のパートナー」という労働協約を結んだ。これによりNUMMIでは職務規程や作業規定などトヨタの方針に沿って変更することが可能になった。協約には、柔軟な移動を可能とする少職種・時間給に関する規定、昇格・異動に関する会社の人事権、協約期間中のノーストライキ条項などが含まれている。トヨタ自動車75年史編纂委員会(2013)、前掲書、319頁-321頁。
*27	島田晴雄(1988)、前掲書、258頁。
*28	十名直喜(1993)『日本型フレキシビリティの構造』法律文化社、123頁。
*29	十名直喜(1993)、前掲書、128頁。
*30	十名直喜(1993)、前掲書、124頁。

*31 荒川直樹（1998）『中国で製造業は復活する』三田出版社を参考にし、その内容を咀嚼し独自の視点で東芝大連社にみる経営の光と影を分析する。
*32 荒川直樹（1998）『中国で製造業は復活する』三田出版社、61-62頁。
*33 暗黙知とは、「言葉で説明しなくても、互いに理解し通じあえるもの」である。日本は、単一民族であるため、あうんの呼吸で理解できる暗黙知を得意とする文化である。
*34 中根千枝（1967）『タテ社会の人間関係』講談社現代新書。
*35 荒川直樹（1998）、前掲書、94頁。
*36 荒川直樹（1998）、前掲書、139頁。
*37 荒川直樹（1998）、前掲書、84-85頁。
*38 荒川直樹（1998）、前掲書、85-90頁。
*39 具体的には、作業長クラスの教育を実施し、そのリーダーが教科書をつくり作業者全員に教育するシステムをつくった。荒川直樹（1998）、前掲載、96頁、159頁-161頁。
*40 荒川直樹（1998）、前掲載、27頁。
*41 荒川直樹（1998）、前掲載、28頁。
*42 1997年4月当時、第一期生が順次昇格し、全課長19名中12名が中国人である。
*43 工会とは、中国の労働組合のことである。基本的に工会は、中国共産党（政治）、人民政府（行政）、人民代表大会（立法）とは独立した組織であるが、現実的には、工会の幹部は共産党員であり、共産党の政治指導に従っている。
*44 荒川直樹（1998）、前掲書、141-142頁。
*45 個人別管理データには、業務習熟管理、出勤管理、毎日不良統計管理、業務能力把握管理、清掃責任管理、診療所利用回数管理、健康管理、食堂の主食食べ残し管理など躾に関する管理、病院の個人カルテのような悩み事管理などが含まれている。
*46 荒川直樹（1998）、前掲書、132頁。
*47 例えば、当時の中国人作業長は、部下の100人について、カルテを作り、各人の状況からメンタルな状態まで把握するように務めたという。健康管理では、顔色チェック、面接による作業員の心の問題までインタビューし徹底管理していた。
*48 荒川直樹（1998）、前掲書、115-119頁。
*49 程永師（2012）『中国における日系メーカーのニューリーダーシップ論』名古屋学院大学大学院、160-161頁。
*50 2008年に労働契約法が制定。使用者は労働者と2回以上の更新をした場合、無固定期労働として契約を継続させる必要がある（労働契約法第14条）。
*51 荒川直樹（1998）、前掲書、136頁。
*52 NUMMIと東芝大連社 2社にみる日本人派遣者数の割合は、NUMMIの設立から5年が経過した1989～1990年当時の日本人派遣社員の割合は、NUMMIは、従業員数2,645人に対して、日本人派遣者数34人で1.3%であった。一方、東芝大連社は、設立当初のデータをもとにすると1,300人に対して、19名1.4%である。荒川直樹（1998）前掲書、13頁、119頁。
安保（1991）は、現地日本工場の平均像を実施調査し、「適用」と「適応」を分析した。それによると、対象34工場の内、日本人派遣者数の比率は、最低0.6%から、最高14%の間に分布しており、この調査結果から「日本人比率」の適用度は高いとしている。安保哲夫（1991）『アメリカに生きる日本的生産システム』東洋経済新報社で、現地日本工場の平均像を実施調査し、「適用」と「適応」を分析した。それによると、「日本人比率」の適用度は、5段階評価のなかで3.7と適用度は高い。日本企業が、現地に多数の日本人を派遣し、それら日本人が現地経営のかなめの地位につき、彼らの主導の下に、日本方式の適用を軸とした現地生産を行うという姿を浮き彫りにしている。83頁。
*53 安保哲夫（1991）『アメリカに生きる日本的生産システム』東洋経済新報社、260頁。
*54 日本貿易振興会編（1990）『ジェトロ投資白書』1990年版』日本貿易振興会、55頁。
*55 白木三秀（2013）『人的資源管理の基本』文眞堂、253頁。

第3章

日本的経営の先駆的な理念とモデル

信用重視型経営理念の源流と融合的展開

1. はじめに

　前章では、日本企業のグローバル化が進み、あらためて「日本的経営」のあり方、その本質と原点が問われる中で、そのヒントを探るべく日本企業のグローバル化の画期に焦点をあて、日本的経営の米国現地経営と中国現地経営の海外進出の事例をもとにグローバル視点から日本的経営を再検討した。

　日本的経営の克服すべき課題は、現地で経営を担う人材を上手く組織化できず、グローバル経営のネックになっているということであった。日本経済が高度成長を続ける時代には、同質性が高く、統率のとれた組織は競争の源泉であった。しかし、グローバルな競争が激しいなかでは、画一的な組織からは、時代にあったイノベーションは生まれづらい。

　国内に目を向けても日本的経営システムは、1990年初めのバブル崩壊以降、長期にわたる経済の停滞状況や日本企業のグローバル化が進む中で、転換を余儀なくされた。雇用面では、非正規労働者を増大させた[*1]。

　さらに、日本企業の海外シフトに伴い、地域産業の空洞化などで工場は閉鎖され、それによる地域経済の疲弊、利益優先の開発による環境破壊、会社経営の粉飾、食品等の偽装問題など、日本社会の課題はあらゆる面で深刻化している。

　このような時代にあって、21世紀が本当の意味で豊かな社会となり、多様な背景をもった一人ひとりの能力を発揮させる組織をつくりあげ、持続的に発展するためには何が必要であろうか。そのヒントは、日本的経営の原点を見直すことにあるのではないかと考える。

　本章では、明治期の困難な中で、グローバル感覚を備え数百に上る会社の設立・経営に関わった渋沢栄一の経営理念と人づくりに注目し、彼が目指した日本的経営とは何であったかを追究する。併せ、渋沢栄一とほぼ同じ時代の経営者として、森村グループの総帥である森村市左衛門を取り上げる。

　渋沢栄一が経営の精神を伝道する指導者であれば、森村市左衛門は経営の精神を具現化した実践者であった。両者がダイナミックな経営実践の中で行った共通点と相違点は何であったのだろうか。渋沢栄一らが目指した日本的

経営と今日の違いは何であろうかを分析する。

さらに、戦後日本企業がモデルとした米国IBMの経営理念と、その変遷にも目を向けたい。国を超えての共通性を追究しつつ、経営理念を重視した経営のあり方に光をあてる。

2. グローバル感覚を備えた渋沢栄一の生涯

江戸、明治、大正、昭和の時代を生きた渋沢栄一の生涯は、大きな転機を幾度となく経験している。本節では、渋沢栄一の生涯を大きく3つに区分し、渋沢栄一の足跡を振り返り、『論語と算盤』の原点を辿る。

2.1 幼少期・青少年期の儒教の学びによる人格形成

渋沢栄一は、武蔵国榛沢郡血洗島村（現在の埼玉県深谷市血洗島）に、1840（天保11）年2月13日生まれた。生家は、農作のほか、藍玉の製造・販売などを営んでいた。父親が好学であったことから、農村の青少年にありながらも高い教育を受けた。その教育は主として儒教であり、『論語』[*2]であった。『論語』は、栄一より10歳上の従兄である尾高新五郎（惇忠）らに学んでいる。さらに、渋沢栄一の生家は、商工業を兼営した富農であり、渋沢栄一も14歳の頃から、藍葉の仕入れ、農耕、養蚕、藍玉の製造販売に携わり実践で商売を学んだ。

幼少期から『論語』を学び、青少年期にかけて家業の商売を手伝うなかで、『論語と算盤』の思想は形成されていったのである。

2.2 ヨーロッパ視察の好機

渋沢栄一は、従兄らと尊王攘夷思想に傾き、高城城の乗っ取り等を計画し、尊王倒幕[*3]を企てようとするが、百姓一揆に間違われ犬死するだけだと、尾高新五郎の弟長七郎の反対にあい激論の末、計画を断念した。断念後、計画を

企てたことが幕府に知られるのを恐れ、渋沢栄一は京都へ逃れた。

そこで、平岡円四郎と交流をもつようになる。その平岡から、士官の誘いを受け、一橋家の家来となって、幕府の臣下に加わるようになった。ここで、渋沢栄一は非凡な才能を発揮し、領内の産業振興と一橋家財政の強化を図った。徳川慶喜が十五代将軍となったことから、渋沢栄一は幕臣になったのである。

渋沢栄一の大きな転機になったのは、27歳の時に慶喜の弟にあたる徳川昭武に随行して、パリ万国博覧会見学のため1867（慶応3）年3月に渡欧したことであった。渋沢栄一は、経理庶務担当係であった。1868（明治元）年11月に帰国するまでの1年半あまりのヨーロッパの経験は、渋沢栄一の人生に多大な影響を与えたのみならず、日本の近代資本主義を構築していくうえでも大きな針路になったといえる。

渋沢栄一は、当時のヨーロッパの資本主義のシステムや市場取引に強い興味をもち大きな感銘を受けた。図表3-1は、渋沢栄一がヨーロッパ各国で視察した主なものである。スイスの織物細工所、オランダの造船所、イギリスのバンク・オブ・イングランド、ベルギーの製鉄所など初めて目にする異国は驚きの連続であった。その中でも、軍人、商人が全く対等に接している姿やベルギーでは、ベルギーの王国が自国の鉄鋼を売り込む姿を目の当たりにし、経済力向上のためには、商人の地位を向上させることが必須と体得したのであった。ヨーロッパ視察は、渋沢栄一にとっても、日本の商業にとっても大きな影響を与えた。

図表3-1 ヨーロッパ各国で渋沢栄一が視察した主な見学先

国	主な見学先
スイス	織物細工所、武器庫、時計工場
オランダ	鉄砲工場、歩兵舎、造船所、軍艦製造所、ダイヤモンド製造所、蒸気ポンプ
ベルギー	陸軍学校、砲台、砲車製造所、製鉄所特に反射炉、溶鉱炉、ガラス製造所
イギリス	タイムス新聞社、鉄砲製造所、博物館、美術館、バンク・オブ・イングランドの「政府両替局」、「金銀貨幣拭改場所」、「貯所」、「地金積置所」「紙幣製作所」など

出所：王子製紙株式会社社史編纂『王子製紙社史』王子製紙株式会社を参考にして筆者作成

2.3 合本主義の実現

　渋沢栄一の渡欧中に明治維新が起こり、帰国すると幕府は亡びて王政に変わっていた。帰国後、慶喜の住んでいた静岡に身を置き、そこで渡欧で培った経験を活かして、株式会社組織をヒントに、静岡藩の資金と静岡市内商人の資金を併せ、金融・商業を営む日本で初めて銀行兼商社である「商法会所」を創設した。これは、日本における会社組織の走りといわれている。

　その後、海外の新知識を活用した渋沢栄一の働きは、国づくりに必要な人材であると明治政府から招待状が届き、大蔵省（現在の財務省）民部省租税正として新政府出任を命ぜられた。

　渋沢栄一が大蔵省で手掛けた仕事は、機構改革、全国測量、度量衡の改正、租税制度の改正、貨幣制度の改革、郵便制度、鉄道敷設、諸官庁の建築やその職務の事務規則、銀行制度の制定など幅広く功績を残している。しかし、政府側からの国づくりに限界を感じた渋沢栄一は、上司井上馨とともに財政改革（財政資金の出入りの明確化と財政均衡の重視）を建議して官を辞し、実業界へと踏み出すことを決意したのであった。

　渋沢栄一は、1873（明治6）年に官僚を辞めて、実業界に入ることになった。辞職の理由は、日本の商売の振興の遅れを危惧し、日本が豊かになるためには政治・教育などと同時に、商売を進行させなければならないという考えからであった[*4]という。「初めて商売人になるという時に、「志」をもつ必要性を感じ、少年時代から愛読していた『論語』を思い出した。そして、渋沢栄一は「『論語』の教訓に従って商売し、一生商売をやってみようと決意した」[*5]。これが、渋沢栄一の「道徳経済合一説」[*6]の原点である。

　同時代の経営者である岩崎弥太郎[*7]の経営と比較されるが、渋沢栄一は、事業経営に利益を上げることは重要であるとしながらも、岩崎が目指した事業や利益を独占し、財閥の形成を目的にすることには断固として反対していた。渋沢栄一は、合本主義[*8]によって、国を富ませ、人々を幸せにする目的で、生涯の目標であった官尊民卑の打破を貫いたのである。

　実業界に入った渋沢栄一は、近代銀行の育成に数多く関わったほか、鉄道、汽船、紡績、製紙、造船、ガス、電力など多方面にわたる株式会社の設立に助

言し、経営指導を行っている。関係した企業は500社に上ると言われている。その中には、現在も、日本の経済、産業界の中枢を担っている企業が数多く残っている。

3. 渋沢栄一にみる人づくりと信用の源流

次に本節では、渋沢栄一の功績である「人づくり」と「信用づくり」から日本的経営の原点を明らかにするとともに、日本、中国、欧米の経営理念の融合的展開を究明する。

3.1 日本における経営理念の変遷

土屋（1964）によれば、江戸時代に本格的な商業経営者が出現し、同時に本格的な商業経営理念が形成されたという。江戸時代の文献中、もっとも早く商人の経営理念を記したものは、1627（寛永4）年に書かれた『長者教』があげられる。家康が慶長金銀貨を鋳造しはじめたのが1601（慶長6）年。慶長通宝を鋳造しはじめたのが1606（慶長11）年であり、幕府鋳造の貨幣が流通してから26年後に『長者教』は書かれている[*9]。

次いで、江戸の小説家である井原西鶴が著した町人物『日本永代蔵』には道義的信念が盛り込まれている。江戸中期においては、商人の経営精神を論じた西川如見[*10]、石門心学の石田梅岩は『都鄙問答（とひ）』で経営倫理理念を説いている。江戸後期は、報徳思想[*11]の二宮尊徳が、道徳と経済の融合と儲けることが決して悪いことでないことを同時に訴えた。明治維新後においては、渋沢栄一が儒教倫理を基本とする道徳経済合一の経営理念を唱えた。この渋沢栄一の経営理念が近代資本主義に多大な影響を与え、礎を築いていったのである。

3.2 信用づくり

　渋沢栄一は、日本が豊かになるためには、商売の進行が不可欠であり、商売人の地位をあげることが必要と考えていた。渋沢栄一は当時の商売人を「日本の商業者は、いまだに昔の慣習から抜け出せずに、ややもすれば道徳という考え方を無視して、一時の利益に走ってしまう傾向がある。欧米人も常に日本人を完全に信用しようとはしない。これはわが国の商工業者にとって大変な損失である」[*12]と危機感をもっていた。

　国家においても世界においても商売をするうえで、何より大事なものは「信用」であると、渋沢は考えていた。日本の商業に携わる者すべてに、「信用こそすべてのもと。わずか一つの信用も、その力はすべてに匹敵する」[*13]と唱えた。渋沢は、世界に通用するためには、一人ひとりに倫理を身に付けさせるのが重要であると考え、「信用」の威力を宣伝し経済界の基盤固めに取り組んだ。

3.3 『義』と『利』の表裏一体

　渋沢栄一の「道徳経済合一説」の考えに影響を与えたものの中に、論語の「富と地位」があると考える。この時代は、富の追求は賤しいものという概念があったなかで、孔子の言葉を用いて富の追求は賤しくないことを明らかにした。

　渋沢栄一は、『論語と算盤』のなかで「孔子は、"人間であるからには、だれでも富や地位のある生活を手に入れたいと思う。だが、まっとうな生き方をして手に入れたものでないのなら、しがみつくべきでない。逆に貧賤な生活は、誰しも嫌うところだ。だが、まっとうな生き方をして落ち込んだものでないなら、無理に這い上がろうとしてはならない"と、富や地位にのめり込むことを戒めただけなのだ。孔子は、"道理をともなった富や地位でないのなら、まだ貧賤でいる方がましだ。しかし、もし正しい道理を踏んで富や地位を手にしたのなら、何の問題もない"という意味であり、孔子は、"富が追求に値するほどの値打ちをもたないなら、わたしは自分の好きな道を進みたい"と述べている」[*14]と、論語を解釈した。決して富貴を賤しんだのではなく、不義にしてこれを得ることを戒

めたものであることを力説し、アダム・スミスの『国富論』と利義合一は、東西両洋に通ずる不易の原理であるとしている。このようにして渋沢栄一は、論語の本質を捉え、それを咀嚼して日本的経営に取り入れ、実践していったのである。

3.4 渋沢栄一と人づくり

渋沢栄一は、500社あまりの会社をつくった実業家であったが、それ以上に人づくりをした実業家であったと考える。ピーター・ドラッカー[*15]は、彼の著書のなかでしばしば渋沢栄一を取り上げて称賛している。なかでも、人づくりに関しては、「渋沢流の人材重視が30年後には史上例のない識字率と人材形成をもたらした。渋沢自身半世紀にわたって無給の指南役として活躍をつづけた」[*16]と渋沢栄一の功労を称えている。

渋沢栄一は人づくりに関して『論語と算盤』の中で、人が適材適所で働くこと、その結果として、国家社会に貢献することは、その道をつくることが、渋沢栄一自身が国家社会に貢献する道である[*17]と自らの役割について述べている。渋沢栄一の人づくりの支柱は次の3つの点にあると考える。

▶1 ── 社会貢献に役立つ人づくり

明治維新後の教育により、日本も外国に劣らない物質文明をもつことができた。しかし、物質文明が進んだ結果、「自分のことばかり考え、国家も関係ない、自分さえよければいいとなったあげく、国家が機能しなくなり、その権威は失われてしまった」[*18]と、精神の進歩を害したことを嘆いた。そのため、精神の向上を進めることが必要である[*19]と人格を磨くことを進めた。

渋沢栄一の目指したものは、国家のことを考える人材の育成であった。道徳の規範が確立し、人々がこれを信じながら社会のなかで自立し、人格を自ら磨くようになれば、結果、社会のことを考える人がつくられることを願っていた。このため、渋沢栄一は、数多くの商業高校、商科大学の支援をしている。

▶2 ── 調和を重んじた人づくり

　渋沢栄一は、調和を重んじた人であった。「理論と現実」、「自分と社会」、「利益と道徳」など、その調和がないと、お互い一緒になって成長せず、国家の本当の発展に結びついていかないとしている。この両者がよく調和して1つになることが、「人でいえば完全な人格を備えた者となるのだ」[20]と、商売人の人格形成に寄与した。

▶3 ── グローバル感覚を有した人づくり

　渋沢栄一は、グローバル感覚を有した人であった。国際問題の解決には政府だけでなく民間の対外交流も必要であると感じ、積極的に民間外交を行っている。特に、日米関係の改善には、70歳を過ぎてから、4回にわたって渡米し、両国経済繁栄の重要性を説き、相互理解を深め、貿易摩擦の解消に尽力した。さらに、75歳でパナマ万博へ出席、81歳でワシントン会議視察のために実業団と渡米を果たし、世界における日本の地位向上のためグローバルな視点をもち続けた。そして、グローバル感覚を有した人づくりも目指していた。

　渋沢栄一にとって、グローバル感覚を有した人とは、「論語と算盤」の感覚を備えた人であると考える。渋沢栄一が洋行したとき、英国の商人から「日本の商人は全く道徳がないから、信用できない」と痛烈に非難されたことがあった。渋沢栄一は、これに大きな危機感を抱いた。悪い意味での競争、つまり道徳に欠ける行いが他人を傷つけて、国家の品位まで落としてしまっていることを嘆いた。外国人にまで軽蔑されるようになれば、その弊害はとても大きいと言わざるを得ない」[21]、このような商売をしていては、日本という国が信頼されなくなる。"日本の商人は困ったものだ"と、日本の商人のモラルを正しい方向に導くために、実業界に唱えるようになったのが、「論語と算盤」の道徳経済合一説であった。渋沢栄一は、「論語と算盤」の考えこそが、日本国内だけでなく、世界で勝負するために必要なものであると信じ、その考えに基づきグローバル感覚を有した人づくりを行った。

4. 森村市左衛門の経営モデル

　本節では、渋沢栄一と同時代に生きた森村市左衛門の経営モデルや森村グループの経営理念を考察し、日本的経営の神髄をさらに究明する。
　森村市左衛門は、渋沢栄一とも仲がよく、2人は信頼し合う仲であった。渋沢栄一は、森村市左衛門のことを著書『論語と算盤』の中で「善に赴こうという意思のとても強い人であった」[22]と語っている。
　渋沢栄一は、多方面にわたり株式会社の設立に助言し、道徳経済合一説を説いた指導者であれば、森村市左衛門は、森村組（のちの森村商事）という組織を開拓し先駆的な経営モデルを創造してきた実践者であると考える。

4.1 「独立自営」の森村組

　森村グループは、森村市左衛門らが設立した森村組、日本陶器をルーツとする企業集団である。「一業一社」の理念の下で独立を進めた経緯から各企業が得意分野をもっている。TOTO、日本特殊陶業、日本ガイシ、ノリタケカンパニーリミテッド、共立マテリアル、森村商事から形成されている（図表3-2）[23]。森村グループの発展史は、伝統的な和陶器の技術からはじまり、その後近代セラミックス産業として発展し、日本セラミックス工業の縮図[24]といわれ、セラミックスの各分野で日本のトップクラスの水準を維持している。
　森村グループの発祥は、1876（明治9）年、森村市左衛門が弟の豊と外国貿易を行うために森村組（現、森村商事）を創立したことから始まる。本格的な直輸出貿易商の誕生であった。明治維新の経済建設における、殖産興業は政府の保護政策によって推進されたが、森村組は、国家のためにと国からの補助金を受けることなく「独立自営」で事業をスタートさせている。政府の援助を固辞し独立自営を経営方針とした森村組にとって、大きな支えになったのは、福沢諭吉の「独立自尊」の精神でありアドバイスであった。
　1876年、森村市左衛門の弟の豊は、福沢諭吉の紹介状を携えて渡米しニューヨーク支店を開設する。1878年には森村ブラザースを設立させた。森

図表3-2 森村グループ沿革図

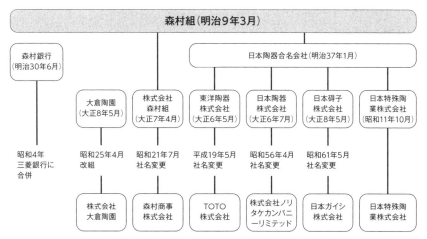

出所：TOTO ホームページより

村ブラザースのまじめな商売は、アメリカ人の間に信用を博した。ニューヨークにおける森村ブラザースの手形は、銀行紙幣と同格とまでいわれるようになったという[25]。

当時の「メイド・イン・ジャパン」は、粗悪品の代名詞で、日本製品は世界でひどく不信を買っていた。その中で2つの例外があった。それが、ミキモト（真珠）とノリタケだった[26]と言われている。粗悪品の代名詞であった戦前のメイド・イン・ジャパンの中で、例外的に高い評価を得ていた。アメリカで絶大な信用を得たのである。

4.2 森村組精神とは何か

森村ブラザースは、なぜ、そのような絶大な信用を得ることができたのであろうか。森村市左衛門が唱えた経営理念をヒントに探ってみる。

十名（2008）[27]は、森村グループの各主要企業に見られる長年にわたるトップの座の維持は、森村グループが共有する「経営理念の先駆性、卓越性にその鍵があるのではないか」としている。

森村市左衛門は、『獨立自營』*28 の中で、森村組の組織のあり方は、「共同団体」*29 であると述べている。規約なく、定款もなく、株券もなく、主人も家来も、位権も名誉もない。何で結びついているか。互いの心と心とで結びついている。森村組に主人があるとすれば、事業である外国貿易という御輿を担いで、これを主人とあがめている。上下の隔たりがない。兄弟のような関係はあっても、主人とか雇人の関係はない。規約は、互いの心にある精神と精神とが約束するほかには約定書はない。天然自然の相互に信ずるという神聖なる規約でいく*30 としていた。

　しかし、理想は前述のような組織でも、組織が拡大したことにより、今後の森村組を見据え、1909（明治42）年、森村市左衛門70歳の時に、会社の意思統一として「我社の精神*31」（図表3-3）を発表した。

図表3-3　森村商事株式会社の経営理念「我社の精神」

「我社の精神」
一、海外貿易は四海兄弟万国平和共同幸福正義人道の為志願者の事業と決心し創立せし社中也
一、私利を願はず一身を犠牲とし後世国民の発達するを目的とす
一、至誠信実を旨とし約束を違えざる事
一、嘘言、慢心、怒、驕、怠を慎む事
一、身を汚すなかれ朋友は肉身より大切なり和合共力する功果金銭などの及ぶ所にあらず永久の霊友也
一、神の道を信じ万事を経営する自覚を確信す可し
　上記の条鉄石心を以て確守し一身を守り世の光と成る可し

出所：森村商事株式会社ホームページより

4.3　信用と事業の公益性

　「我社の精神」*32 の中で、森村市左衛門が強く願ったのは、「私利を願はず一身を犠牲とし後世国民の発達するを目的とす」「至誠信実を旨とし約束を違

えざる事」であり、これは、信用と事業の公益性を重んじることを述べていると考える。

　森村市左衛門著『獨立自営』の第五篇「経営」では、「事業経営に何が要件であるかと言っても信用ほど根本的要件はない」と説いている。信用を得るには、公共的利益に貢献する信念が必要である。自分の利益を計ると同時に、国家或いは公共の利益にも貢献するところの堅き信念がなくてはならない。この信念を欠いて居ることが、今日の事業家の信用のない大原因というべきではないか。目前に利益が来れば、どんな仕事でも手を出す。その結果、遠大の事業が起こらない。間に合わせの仕事ばかりであって、永久的でない。国家的でない。自分さえ儲かれば人はどうでも宜い、国家はどうでも宜いというやり方で、その事業たる価値はどこにあるかと問うている。

　同じ第五篇「「貸方と借方」では、「商売でも売って儲けようという考えが先に立っては駄目。人の利益になるのを目的として、人の役に立つように即ち使い心地のよい便利な品を売るようにしていればきっと売れる。他人の利益、他人のためになるということを常に心がけていれば必ず儲かる」[*33]と述べている。

　「永続的経営」では、外国の模倣をしている場合ではない。目前の利益ばかり目を注いで永遠の考えを忘れては外国との競争はできない。目前の利益ばかりを見ず、永遠の考えを以ってするならば、労働者をできるだけ教育し、優遇し、熟練させるようにすれば労働者は満足して楽しんで業務に従事することができる。結局、この方が、雇い主のために徳である。しかし、多くの事業家は、永遠の考えをもっているものは甚だ少ない。多くの人は、自分の小利をみることのみ急にして、遠大な思想を欠如して、人間の成業の要件である信用を失墜している[*34]と、嘆いている。

　これらの想いが、「我が社の精神」に反映されているといえよう。この精神の根本は、渋沢栄一の「道徳経済合一説」と共通するものがあると考える。

4.4　率先垂範で社員に教育

　森村市左衛門は、「我が社の精神」を示した同じ年に「処世十戒」[*35]（図表3-4）を発表している。「処世十戒」は、いわば行動指針であると考える。森村

図表3-4 森村市左衛門の「処世十戒」

堪忍をなること	忍耐
人の益を図ること	親切
誇らず驕らず	謙虚
非礼を行はず	恭敬
妬まず	寛怒
己の利を求めず	無我
軽々しく怒らず	温良
人の悪を思はず	公正
不義を退く真実をつくす	誠実
国のために働く	勤勉

出所：森村市左衛門（1978）『獨立自營』ダイヤモンド社を参考にして筆者作成

　市左衛門は、「処世十戒」を基に、自ら模範を示した。

　森村市左衛門は、「商売の繁昌するも衰えるも、店員の心がけ如何にあるから、店員の訓練は商業経営上最も大切な要件である。店員訓練の要義は、何事も常に自分で手本を示すやり方でなくては効力は薄い」[36]とし、率先垂範で教育したのである。

4.5　渋沢栄一と森村市左衛門の経営理念にみる共通点と相違点
──渋沢栄一の「拡大」経営と森村市左衛門の「深掘」経営

　渋沢栄一の目指し、実践したものは、「合本主義」「信用」「人づくり」であった。一方、森村市左衛門の目指し、実践したものは、「独立自営」「信用」「人材教育」であった。

　渋沢栄一の考える、倫理と事業の公益性を重視する経営や強い民間経済を作らないと近代国家・社会は成り立たないという「官尊民卑の打破」の精神と森村市左衛門の「独立自営」は共通するものがあったと考える。また、2人の経営者はどちらもグローバル感覚を有し、日本が世界で通用するには目先の利

益ではなく「信用」であることを唱え、それを経営理念に掲げ実践してきた2人であった。また、そのような精神をもつ人づくりにも励んだことは、両者に共通してみられる。

しかし、唯一異なる点は、渋沢栄一は自らの経営の精神である「道徳経済合一説」を唱え助言したが、それを会社の経営理念として明示化はされなかった。500社余りの会社をつくり経営理念を明示化するには、無理があり、後世の者が、渋沢栄一のベースになる精神を継いで具現化していった。

それに対して森村市左衛門は、森村組の精神を「我が社の精神」として、経営理念を明示化し実践の中で具現化した。限定された企業に特化し、その中で理念を貫いた。その点が渋沢栄一との違いであり、経営理念を明示化し、組織体制を盤石なものにしたという点では、森村市左衛門は一歩先をいっていたと考える。

渋沢栄一は、500社近くの会社を創設してその精神を伝播し、森村市左衛門は、森村組（のちの森村商事）という組織を開拓し先駆的な経営モデルを経営理念に具現化した。いわば、両者の違いは図表3-5のように、T字型で表すことができる。渋沢栄一の経営はヨコに「拡大」展開を行ったのに対して、森村市左衛門の経営はタテに「深掘」展開をしたといえよう。

いずれにせよ創業者の経営理念が羅針盤として100年以上たった今も脈々と受け継がれ、会社の先駆的役割を果たしていることを証明している。

図表3-5　渋沢栄一と森村市左衛門の経営比較

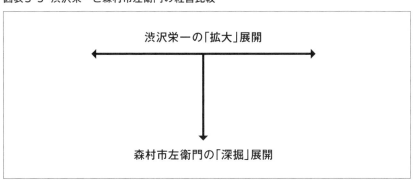

出所：著者作成

5. IBMにみる経営理念の変革

　日本的経営の源流、日本の経営理念の変遷を知るうえで欠かせないのが、IBM（International Business Machines）である。IBMは、戦後日本企業が復興する際のモデルとされた企業であった。日本生産性本部はアメリカを中心に海外視察団を派遣した。海外視察団が訪問したアメリカ企業の中にIBMは、フォード、ウェスティングハウスとともに上位3位までに入っていたという[*37]。日本企業はIBMの何に共感したのだろうか。

5.1 IBMの誕生

　IBMは、パンチ・カード式集計機を製造していたタービュレイティング・マシンを中心に3社が合弁して[*38]、コンピューティング・タービュレイティング・レコーディング（CTR）社が誕生した1911年を創立の年としている。1914年、CTRの経営を引き受けたトーマス・ワトソン・シニア[*39]が社長に就任。1924年にはIBM（International Business Machines）と社名を変更した。

　一方、日本IBMは、1937年に創設されている。1923年、当時、日本陶器の製造担当重役だった加藤理三郎が、アメリカからの膨大な受注の事務処理を機械により合理化するための相談にニューヨークの森村ブラザース社を訪問。森村ブラザース社は、CTR社の穿孔カード式計算機の能力に驚愕し、採用を決定した。しかし、導入後のメンテナンスをする人がいない日本には機械を貸すことはできないと日本でのサービスを断れてしまった。

　森村ブラザース社は、カストマーに設置する機械に対して責任を全うしようとするIBMの基本姿勢に感銘を受け、CTR社の技術を習得することを申し出て、半年間教育を受けた。IBM側との折衝の過程で互いの信用を高め、森村ブラザースとIBMの間における代理店権に関する契約を締結。1925年にIBMの日本代理店権を獲得している。このエピソードからも、前述の森村組の信用経営が伺える。

　1937年、6月17日、日本ワトソン統計会計株式会社が設立され日であり、こ

の日を日本IBMの創立の日としている。第二次世界大戦中はビジネスを中止したが、1950年に日本インターナショナル・ビジネス・マシーンとして正式に業務を再開している。

5.2 ワトソン・シニア、ジュニア父子の経営モデル

　ワトソン・シニアの経営は、企業文化を培い、育むことに心血を注いだ経営といえるのではなかろうか。それが、日本企業が共感するところであったと推測する。

　ワトソン・シニアは、売上高や利益を生み出す原動力や企業が成功するか失敗するかの真の違いは、情報機器でなく組織がそれに属する人々の大きなエネルギーと能力を十分に活かしきっているかどうかの企業文化であるという考えをもっていた。基本的な哲学、精神、組織の推進力といったもののほうが、技術的、経済的資源、組織構造よりも大きな影響があると考えていたのである。そのため「いかなる組織も存続し成功をかちとるためには、その組織がいっさいの方針と行動の大前提として決めたいくつかの立派な信条をもたなければならない」と、信条をもつ必要性を説いている。

　ワトソン・シニアの経営理念である「3つの信条」[40]は図表3-6の通りである。「3つの信条」は、1914年ワトソン・シニアが社長に就任したときに打ち出した考えである。その後40年間に渡って経営の指標とされてきた。

　そして、ワトソン・シニアの息子であるトーマス・ワトソン・ジュニア[41]が経営を継承した際の1962年に明示化された。ワトソン・ジュニアは「企業として成功して生き残っていくためにはあらゆる改革を断行しなければならないが、この「3つの信条」だけは変えてはならないと思った」[42]と語っている。

　IBMの「3つの信条」は、ワトソン・シニアとジュニアの父子によって90年間にわたりIBMの価値観の中核になった。

図表3-6　IBMの経営理念「3つの信条」

(1) **個人の尊重**
「われわれは個人を尊重する」
(2) **最善の顧客サービス**
「わが社は、世界中の会社のなかで最上の顧客サービスを行いたいと願っている」
(3) **完全性の追求**
「一つの組織がその仕事をするときには、その仕事を優れた方式で完遂できるのだという考えで当たらなければならない」

出所：トーマス・ワトソン・ジュニア（1963）『企業よ信念をもて』を参考にして筆者作成

▶1 ── 個人の尊重

ワトソン・シニアは、個人の尊重を最も重要なものとした。セールスマン、マネジャー、工員、サービス担当者、これらのことはすべて人を核にして成り立っている。肩書は所詮肩書にすぎない。ビジネスで中心的な役割を果たすのは、一人ひとりの人間である。人間の尊重、個人の尊重をすることが、ビジネスの力になると信じていた[43]。よって、「経営者から末端の従業員にいたるまで、全員が尊厳な"人間"であり、"人間"たるべく処遇しなければならない」[44]とし、階層にかかわらず、全ての従業員を尊重した。

具体的には、経費削減などの経済的理由で「従業員のクビを切らない」「仕事をしやすい環境を用意する」「従業員のことを一番に考える」「従業員の不平に耳を傾ける」「従業員の処遇に差をつけない」「上司は部下を助ける」「生え抜きを昇進させる」「個人の領分をおかさない」であり、自らそれに沿った振る舞いをした。それと同時に、「企業の将来はその社員の質にかかっている」と、社員教育も怠らなかった。

▶2 ── 最善の顧客サービス

サービスで信用を高めることは重要財産であるとし、価値を生む業務としての"営業"の意義と理念とを社員に徹底したという。お客様と従業員を大切に

すれば、3番目の株主にも報いることになるという信念をもっていたのである。カストマー（顧客）に対する行き届いたサービス業務の持続的な提供が図られ、1920年代末頃からは営業とは別に、保守技術者のためのカストマーズ・サービスの専門的な教育と訓練が行われた。

▶3── 完全性の追求

　IBMには、「THINK」の文化があった。「Read Listen Discuss Observe and Think」（読み、聞き、話し合い、観察し、考えよ）である。「THINK」は、IBMのシンボルになっていた。

　ある日、ワトソン・シニアは、会議をしていたのだが、出席者が誰一人として意見を出そうとしなかった。ワトソン・シニアは、「困ったことにだれも彼も十分に考えようとしない！　われわれは足で稼いでいるのではない。頭を使う対価として報酬をえているはずだ」と説教をし、脇にあった大きな紙に青いクレヨンで「THINK」と書いた。その後、IBMでは、「THINK」文化が浸透していった。完全性の追求は、考えることから始まるという思いが込められているのであろう。IBMの月刊社内報も「THINK」と名付けられている。

　このようにワトソン・シニアは、3つの信条を柱に、企業文化を形成し、息子のワトソン・ジュニアは、これを醸成させ、世界のIBMを築いたのである。

　しかし、ワトソン・シニアの信条は長年の間に形骸化し、本質が歪められて解釈されるようになった。それが一因となり会社は崩壊寸前にまでなった。

5.3　巨額の損失とガースナー変革

　IBMは1990年代初頭、危機的な状態に陥った。損失額は、1991年から93年にかけて、28億ドル、50億ドル、81億ドルと拡大の一途をたどった[*45]。IBMは誰の目にもその存続が危ぶまれる状態であった。IBMの成功を後押した信条は、長い年月の間に、歪められていったという。

　「個人の尊重」は、既得権を意味するようになった。すべての人に仕事や発言の機会を公平に与えるという本来の意味は失われ、仕事の保証とか、社内文化によって必然的に決まる出世という意味に変わり[*46]、既得権を主張する

だけのものになった。信条の本質は、誤って解釈されるようになっていた。

「完全性の追求」は、市場やお客様の声に真摯に耳を傾けなくなり、傲慢へと変わった。ベクトルは本来とは違う方向を示すようになった。会社の根幹を示すものだけにこれが形骸化すれば致命的な結果になる。これが一因となって危機的状況に追いやったといえよう。

この危機的状況を再浮上させるため、1993年ルイス・ガースナーは招聘された。ガースナーは、マッキンゼー・アンド・カンパニーのコンサルタントからRJRナビスコのCEOを経て、IBMを任された。外部の人間に託したのだ。

ルイス・ガースナーの変革は、企業文化の変革であった。ガースナーは、IBMの価値観の中核となった信条が正しいことを認めつつも、「いま現在のIBMにもっとも必要ないもの」[*47]と、ビジョンをも封印したのだ。危機的にあるCEOが犯す第一の過ちとして「ビジョンを安易に打ち出すことだ」ビジョンを提示することによって、現在直面している問題や危機から社内外の人たちの目を逸らし、ビジョンがあたかも何でも解決する万能薬のようにとられることを避けたかった、と後に語っている[*48]。まるで別会社への変貌であった。ピーク時の1986年に40万人強いた従業員を半分近くまで削減、リストラも余儀なくされた。

その結果、ガースナーがCEOを務めた9年間でIBMは変貌した。売り上げは93年の627億から、2000年には884億ドルまで成長、93年に81億ドルの赤字を記録、しかし、2000年には81億ドルの黒字となった。93年4月から2001年末までの間に、IBMの株価は800％以上も上昇し、時価発行総額は180億ドルも増加した。ガースナーの改革は、崩壊寸前の会社を甦らせたのである[*49]。まさに、創造的破壊をなしたのである。

5.4 パルミサーノの変革

ルイス・ガースナーは、2002年後継者をサミュエル・J・パルミサーノを指名した。パルミサーノは、1973年にバルチモアで営業マンとしてキャリアをスタートさせた生粋のIBMマンである。パルミサーノはワトソン翁の基本的信条がいまなお有効、もしIBMがかつて以上の瀕死の危機に陥ろうと、社員を鼓舞す

るような新しい価値観の基礎になると考えていた[*50]。そのため、CEOに就任して1年経たない2003年2月、IBMのシニアマネジャー300人とのミーティングのなかで、IBMの価値観を再発見しなければならないことを発表した。

　パルミサーノは、2003年7月IBMのインフラネットを活用し、オンラインフォーラムにより、全員がライブで価値について侃々諤々と話しあう場をつくった。それは「バリューズ・ジャム」と名付けられ、世界中のIBM社員の参加により、IBMグループ全体で共有すべき価値観についての討議がウェブ上で行われた。それは、72時間3日間続いた。1日目は、会社の不満や鬱憤を晴らしていたが、2日目になると、争点は、「IBMが価値観として固持すべきものは何であり、また改めるものは何なのか」[*51]に移っていった。その結果集約されたのが、「IBMers Value」(図表3-7)[*52]であった。2003年11月に新たな価値観「IBMers Value」が発表された。大いなる創造が社員全員の力でなされたのである。

図表3-7「IBMers Value」

信頼と一人ひとりの責任
お客様の成功に全力をつくす
世界に価値あるイノベーション

この3つの価値観を世界中の約40万人のIBM社員が共有している
出所：日本IBMのホームページ

　パルミサーノの「バリューズ・ジャム」は、3つの点で画期的だったと考える。1つは、170カ国30万にいる従業員が同時に自由に討議できる場をつくったことであり、現在は40万人の社員が共有していること。2つは、トップダウンではなく、社員全員の参加型で、ボトムアップで価値を創り出したこと、しかも誰一人誤解することないくらいはっきりと目に見える形で明らかにしたこと。3つは、あらたな価値観が完成してから数カ月のうちに、現実とのギャップを埋める施策を発表したこと。その中の1つに「信頼に1億ドルを賭ける」というものがあった。これまで、稟議の煩雑な手続きのため素早くお客様対応できなかった問題

を解決するために、各マネジャーに年間5,000ドルまで自由決裁権を与えたという[*53]。

5.5 IBMの経営理念にみる「守・破・離」の展開

　IBMの100年の経営は、「守・破・離」[*54]で捉えることができる。IBMの創設者であるワトソン・シニアとその息子ジュニア父子による経営は、「守」であった。創設者の掲げた経営理念である「3つの信条」を父子によって忠実に守り、会社の基盤を作った。
　その後、IBMは、危機的な状態に陥った。「3つの信条」は、形骸化し歪められて捉えられた。1993年ルイス・ガースナーによって「3つの信条」は封印され、大きな改革を遂げた。ルイス・ガースナーはこれまでの経営を破壊したのである。すなわち、「破」である。
　そして、2002年パルミサーノに経営がバトンタッチされた。パルミサーノの変革は、社内のインフラ整備を使って、世界で働く社員の声を反映させて「IBMers Value」を作ったことであった。ルイス・ガースナーによって封印された「3つの信条」は、新たな経営理念を創造した。民主的破壊により新たな創造が生れたのである。すなわち「離」である。
　しかし、興味深いのは「IBMers Value」は、ワトソン・シニア、ジュニア父子が育てた「3つの信条」に酷似している点である。
　「個人の尊重」は、「信頼と一人ひとりの責任」によって生れるものである。「最善の顧客サービス」は、「お客様の成功」であり、「全力を尽くす」ことであ

図表3-8　IBMの経営理念の変革

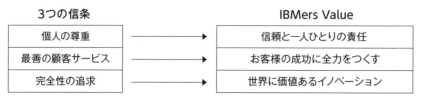

3つの信条	IBMers Value
個人の尊重	信頼と一人ひとりの責任
最善の顧客サービス	お客様の成功に全力をつくす
完全性の追求	世界に価値あるイノベーション

出所：IBMの経営理念を参考にして筆者作成

る。「完全性の追求」によって「世界に価値あるイノベーション」は創造される。(図表3-8)

　100年の時間によって経営理念は洗練化され、創業者が創り上げた経営理念の原点に回帰し、それを上回るものを創造したのである。

5.6　総括
──渋沢栄一・森村市左衛門・IBMにみる日本的経営とは

　戦後の復興・成長期に、日本企業が最も参考にしたのは、その当時世界で成功していたIBMのワトソン経営であった。ワトソンの教えは、戦後の日本経済を助け、そのすみずみまで影響を及ぼしたと言われている[*55]。

　なぜ、日本的経営はIBMのワトソン経営をモデルにしたのであろうか。それは、当時世界で成功していたことだけが理由ではあるまい。ワトソン・シニアの人間を尊重し、企業文化を重んじ、信条を重視した経営と戦前の渋沢栄一、森村市左衛門らの理念に基づいた経営の根底に流れるもののなかに、何か共通するものがあったからこそ、日本企業はワトソン経営を取り入れたのだと推察することができる。

　これまで、渋沢栄一、森村市左衛門、IBMにみる経営、経営理念の考察をしてきたが、日本的経営は、渋沢栄一、森村市左衛門らの経営の何を継承し、何が異なるのかを整理してみたい。

　まず、渋沢栄一、森村市左衛門、IBMのワトソン父子の創業者には、経営するうえでの共通項として、主に3つ挙げられる。

　1つは、経営理念を重視し、経営理念に基づく経営を率先垂範で貫いたこと。

　2つは、人の無限の可能性、すなわち、無形資産の価値を熟知し、人的資源を重視した経営をしていること。

　3つは、自社の発展にとどまらず、むしろグローバルな視点に立って、自国、世界の発展に貢献することを使命とし、道徳と経済の一致を図る持続経営を目指していることである。すなわち、グローバル経営を意識した、長期視点に立った経営と人材育成をしていることである。

しかし、1990年代以降の日本の景気低迷により、日本的経営は、グローバル環境に対応するため、スピードを重視した短期視点で利益を上げることが求められるようになった。それにより、日本的経営の雇用システムにも変化がみられ、労務管理の問題なども深刻化している。従来の長期的視点に立った経営や人づくりが、何処かで置き去りにされてきたようにもみえる。

奇しくも、1990年初頭、IBMが苦境に立っていた時期と、日本のバブル経済が崩壊し、日本企業が低迷した時期は同じであったことは興味深い。1990年初頭のIBMが試みた民主的な破壊と創造による思い切った変革と、40万人の多国籍社員をまとめる組織の仕組み、インフラ整備などは、真のグローバル経営を目指す日本企業にとって、今も学ぶべき点は多いと考える。

6. おわりに

本章では、日本的経営の原点ともいえる渋沢栄一を中心に考察した。そして、次の3つのことを明らかにした。

1つは、渋沢栄一が築いた「日本の資本主義の精神」は、日本・中国・欧米の創造的融合により生れたものであったということである。まず、渋沢栄一の根底にあったものは、中国の『論語』であった。中国の『論語』を学び、それを咀嚼し、経営で実践できるように進化させ、自らの経営で実践させた。欧米から学んだものは、合本主義やオープンで誰もが商売できる市場取引であった。渋沢栄一が築いた日本的経営の礎は、日本・中国・欧米のもつ利点をまさに融合させた仕組みづくりであり、理念であることを明らかにした。

2つは、渋沢栄一と森村市左衛門の経営理念と実践を比較し、その共通点と相違点を明らかにしたことである。渋沢栄一の目指したものは、「信用」「民間経済の強化」「人づくり」であった。一方、森村市左衛門の目指したものは、官に頼らない「独立自営」、「信用」「人材育成」であった。両者の共通点は、「信用」と「民間経済の強化」、「人づくり」である。世界から信用を得るためには、道徳・倫理と利益の合致が重要であることを説き、そのような精神をもった人

づくりに励んだ。

相違点は、渋沢栄一は自らの経営の精神である「道徳経済合一説」を説き、数多くの会社経営にも活かしたが、経営理念としての明示化はなされなかった。一方、森村市左衛門は、経営理念を「我が社の精神」として自らの企業グループに明示化し、実践の中で具現化した。その点が渋沢栄一との違いであることを明確にした。

しかし、経営理念の提示・展開の仕方に相違はあっても、渋沢栄一、森村市左衛門は、グローバル視点をも有した経営者であり、彼らの築きあげた会社は、創業者の経営理念を羅針盤に100年以上たった今も脈々と受け継がれている。経営理念が今も会社の先駆的役割を果たしていることを論証した。

3つは、戦後日本企業がお手本にしたIBMの「守・破・離」の経営展開とそのプロセスを明らかにしたことである。真のグローバル化を目指す日本企業にとって、40万人の多国籍社員をまとめる組織の仕組みやインフラの整備、経営理念を支柱とする民主的破壊と創造的経営などは、今なお学ぶべきものが多いといえよう。

しかし一方で、工業化が発展する段階においては、多くの課題も顕在化する。それは、理念よりも利益が優先されることによって生じたものが少なくない。とりわけ工業化を底辺で支えた労働者階級は、劣悪な労働環境の中で厳しい労働を強いられるなど、時代の犠牲者といえよう。

次章では、イギリス、日本、中国の工業化における労働環境の変容、とりわけ中国における労働事情と課題を分析し、企業倫理とモラルの重要性を追究する。

注

* 1　総務省統計局編（2013）「労働力調査年報」総務省統計局（27-30頁）によると、2013年度の正規の職員・従業員は3,302万人、役員を除く雇用者に占める正規職員・従業員の割合は63.4％。非正規の職員・従業員は1,906万人、役員を除く雇用者に占める非正規の職員・従業員の割合は36.6％。

　　非正規労働者の割合は全労働者の約3分の1以上に上り過去最高の水準となっている。1985年の16.4％からみると、30年ほどの間で2倍以上の増加がみられる。また、非正規職員・従業員に占める女性の35〜54歳の割合は32.9％、非正規の職員・従業員の割合は55歳以上で53.6％に上る。女性の非正規の職員・従業員の年間収入は100万円未満が47.1％に達している。

* 2　論語は、「中国の古典。儒教の代表的な経典、四書の第一。孔子の言論を主として、門人その他の人々との問答などを集めた語録で、20編。儒教の開祖孔子（前551-前479）の思想をみる第一の資料で、また儒教思想の真髄を伝えるものとして後世に大きな影響を与えてきた。論語の内容は、社会的人間としての個人のあり方と国家の政治に関わる道徳思想を主としているが、中心の主張は忠（まごころ）にもとづく人間愛としての仁の強調であって、親への孝行、年長者への悌順などとともに、利欲を離れて自己を完成させる学の喜びなども述べられている。『世界大百科事典』(http://kotobank.jp/world)（2014.2.20取得）。
* 3　尊王倒幕とは、天皇を奉じて徳川幕府を打つこと。
* 4　渋沢栄一・守屋淳訳（2010）『現代語訳 論語と算盤』筑摩書房。
* 5　渋沢栄一（2010）前掲書、23頁。
* 6　道徳経済合一説とは、渋沢栄一が実践した経営思想『論語』を拠り所に道徳と経済の一致を説いたものである。渋沢栄一は、「真に国の発展を望むなら国を富まさねばならぬ。国を富ますには科学の進歩と商工業の活動によらねばならぬ。商工業によるには株式会社が必要だ。株式会社を経営するには強固な道理によらなければならぬ。道理の基準は論語によるほかない」と論じている。
* 7　三菱財閥の創始者。
* 8　「合本主義」とは、「公益を追求するという使命や目的を達成するのに最も適した人材と資本を集め、事業を推進させるという考え方」を意味する。
* 9　土屋喬雄『日本経営理念史』(1964) 日本経済新聞社、124-125頁。
* 10　西川如見は、経営精神を書き記した『町人嚢』を出版。儒教的道義倫理にもとづいた商人訓。
* 11　報徳思想とは、二宮尊徳が説き広めた思想である。私利私欲に走るのではなく社会に貢献すれば、いずれ自らに還元されると説く。
* 12　渋沢栄一（2010）、前掲書、168頁。
* 13　渋沢栄一（2010）、前掲書、181頁。
* 14　渋沢栄一（2010）、前掲書、91-93頁。
* 15　ピーター・F・ドラッカー（1909-2005）経営学者。
* 16　ピーター・F・ドラッカー（2007）『断絶の時代』ダイヤモンド社、114-115頁。
* 17　渋沢栄一（2010）、前掲書、28頁。
* 18　渋沢栄一（2010）、前掲書、87頁。
* 19　渋沢栄一（2010）、前掲書、47頁。
* 20　渋沢栄一（2010）、前掲書、134-135頁。
* 21　渋沢栄一（2010）、前掲書、158頁。
* 22　渋沢栄一・守屋淳訳（2010）『渋沢栄一の「論語講義」』平凡社、37頁。
* 23　かつては、INAXは森村市左衛門森村グループであったが、INAXは2001年にトステムと経営統合し、これを契機に森村グループから離れることになった。(2014.2.13取得)。
（http://www.morimura.co.jp/corporate/group.html）。
森村グループ沿革図は、TOTO HP（2014.2.13取得）(http://www.toto.co.jp/company/profile/morimura/)。
* 24　十名直喜（2008）『現代産業に生きる技「型」と創造のダイナミズム』勁草書房、201頁。
* 25　土屋喬雄（2002）『日本経営理念史』麗澤大学出版会、332頁。

*26 砂川幸雄（1998）『森村市左衛門の無欲の生涯』草思社、215頁。
*27 十名直喜（2008）『現代産業に生きる技「型」と創造のダイナミズム』勁草書房。
*28 森村市座衛門（1978）『獨立自營』ダイヤモンド社、252頁。
*29 森村市左衛門（1978）前掲書、206-208頁。
*30 森村市左衛門（1978）、前掲書、194頁。
*31 「我社の精神」は、1919（大正8）年、わかりやすく書き直されている。
*32 森村商事HP（2014.2.13取得）（http://www.morimura.co.jp/corporate/group.html）。
*33 森村市左衛門（1978）前掲書、194-195頁。
*34 森村市左衛門（1978）前掲書、190-191頁。
*35 「処世十戒」は、日本陶器会社の社内誌に発表した。その後、「余が部下に与える処世十戒」の題で、世間に公開している。（森村市左衛門(1978)前掲書、352-353頁。砂川(1998)前掲書、208-211頁）。
*36 森村市左衛門（1978）前掲書、248頁。
*37 伊藤健市（2010）『アメリカの経営・日本経営：グローバルスタンダードの行方』ミネルヴァ書房。
*38 3社とは、タービュレーティング・マシーン・カンパニー、コンピューティング・スケール・カンパニー、インターナショナル・タイム・レコーディング・カンパニーの合弁。
*39 トーマス・ワトソン・シニア（1874-1956）は、以下「ワトソン・シニア」とする。
*40 トーマス・ワトソン・ジュニア（土居武夫訳）（1963年）『企業よ信念をもて』竹内書店。
*41 トーマス・ワトソン・ジュニア（1914-1993）は、トーマス・ワトソン・シニアの息子。父親の後を継いで1956年からIBMのCEOを務め、1971年に引退している。
*42 トーマス・ワトソン・ジュニア（1963年）、前掲書、454頁。
*43 ケビン・メイニー（有賀裕子訳）（2006）『貫徹の志　トーマス・ワトソン・シニア』ダイヤモン社、476頁。
*44 日本経営研究史編（1988）『日本アイ・ビー・エム50年史』日本アイ・ビー・エム株式会社、17頁。
*45 ケビン・メイニー（2006、前掲書、491頁。
*46 北城恪太郎・大歳卓麻（2006）『IBMお客様の成功に全力を尽くす経営』ダイヤモンド社、10頁。
*47 ルイス・ガースナー（2002）『巨象も踊る』日本経済新聞社、99頁。
*48 北城恪太郎・大歳卓麻（2006）、前掲書、74頁。
*49 北城恪太郎・大歳卓麻（2006）、前掲書、76頁。
*50 北城恪太郎・大歳卓麻（2006）、前掲書、6頁。
*51 北城恪太郎・大歳卓麻（2006）、前掲書、42-53頁。
*52 日本IBM HP（2014.2.1取得）（http://www-06.ibm.com/ibm/jp/about/vision/）。
*53 北城恪太郎・大歳卓麻（2006）、前掲書、31頁。
*54 守破離とは、物事を取得するプロセスと心得を3段階に分け示したもの。「守」とは、型を守る。「破」とは、型を破る。「離」とは、型から離れ、新たな型を作る。
*55 トーマス・ワトソン・ジュニア（1963年）、前掲書、484頁。

第4章

中国改革開放以降の工業化にみる労働環境の変容と課題

英・日・中の歴史的比較視点をふまえて

1. はじめに

　前章において、渋沢栄一の「道徳経済合一説」の理念は、日本的経営の原点であり礎となっていること、その精神は日本企業のグローバル経営においても信用の柱として共有価値になりうることを明らかにした。しかし、社会や企業にとって、道徳と利益のバランスを取り続けることは理想ではあるが容易ではない。

　本章では、1978年末の中国改革開放以降の経済成長を顧み、利益追求本位の中国社会で労働環境はどのように変容したかについて注目する。その考察にあたって、英日中にみる工業化と労働事情の3モデルを比較分析する。モデルの1つは18世紀後半から19世紀前半のイギリスにおける工業化、2つはそのほぼ1世紀後（19世紀末から20世紀前半）の日本における工業化、3つはさらにそのほぼ1世紀後（1978年の改革開放政策以降から21世紀初頭）の中国における急激な経済発展と本格的な工業化の進展である。そして、それぞれの工業化にみる労働環境の変容を対比した。

　工業化とは、英語で「Industrialization」といい、産業化とも訳されることがある。Industryは広い意味で、農業なども含む産業として捉えられる場合と、狭い意味での工業に限定される場合がある。産業化は、広い意味で捉えられる場合と、工業化と同義語とみなされる場合とがある。本稿では、後者すなわち狭い意味での工業化として捉える。

　工業化は、「農耕社会から産業社会、即ち農業を主体とする社会から工業主体の社会への転換」を意味するが、厳密な定義は困難であるとしている[*1]。

　ダニエル・ベル[*2]は、工業を基軸にして、社会を前工業的、工業的、脱工業的の3つに分け、前工業社会は「自然に対するゲーム」[*3]、工業社会は「つくられた自然に対するゲーム」[*4]、脱工業社会は「人間相互間のゲーム」[*5]、と特徴づけた。

　本章では、大量生産による機械労働が出現する工業社会の労働事情に着目する。

　18世紀後半から19世紀前半のイギリスにおける工業化では、生産活動の

機械化によって大量生産が可能になり、農村社会から工業社会への大転換を遂げることができた。そのほぼ1世紀後（19世紀末から20世紀前半）の日本における工業化では、紡績業、製糸業、綿織物業、鉄道、海運業などが発展し、日本の資本主義が形成された。渋沢栄一は、この時代のなかで金融、紡績、製紙、鉄道、海運などの会社を創設している[*6]。

さらに、中国では、1978年末の改革開放以降、本格的な中国の工業化の幕開けとなった。中国は、急激な経済発展を遂げ、わずか32年の間に、GDP世界第2位となり、世界に確固たる地位を築いた。他方では、格差が広がり拝金主義や腐敗が横行するなか、企業経営のあり方、とりわけ経営モラルが内外から問われ、信頼の経営が求められている。

イギリス・日本・中国における各国、各時代の工業化は、文明社会を発展させ人々の暮らしを豊かにする一方で、負の遺産も数多く残している。そうした工業化のなかで、いつの時代も犠牲となるのは、社会的な弱者である。イギリス・日本・中国の各国、各時代の工業化においても、そのしわ寄せは、労働者階級とりわけ底辺層に集中した。

100年程の時間を介して起こった工業化の波は、歴史・地域も三様に異なる。いわば3つの時空間の視点から、各時代・各国の労働環境の変容を比較分析し[*7]、労働者階級の労働事情はどのような変化を遂げ、何が共通し、何が異なるのか、歴史的意義を検証する。

そうした比較分析を通して、中国の歴史的位置を明確にし、中国労働環境の変容と課題を掘り下げ、2008年に制定された労働契約法にも焦点をあてる。中国社会における労働法、労働契約法の意義と限界を分析したうえで、法を補うものは何かを追究し、今後の中国における現地経営のあり方を展望する。

2. 工業化にみる英・日・中労働環境の変容比較

2.1 イギリスの工業化にみる労働事情

　18世紀後半から19世紀前半にかけてのイギリス工業化では、イギリスのイングランド北西部ランカシャー地域を中心に、繊維関連機器の開発が進み、それを基本として同地の綿工業やそこに隣接したヨークシャーの羊毛工業が展開し、また、同じくイングランドのミッドランドを中心として金属製品の工場生産が躍進した。これらの産業発展において、ワットが改良した蒸気機関が広範に採用され、さらに、鉄道や蒸気船もこの時期一斉に出現した。一連の技術革新に伴って人類史上発の工業化が始まり、イギリスは「最初の工業国家」になった[*8]といわれている。

　しかし、イギリスの工業化は、労働者階級の労働事情にとって、悲惨なものであった。1844年に執筆され、1845年夏に公刊された、エンゲルスの『イギリスにおける労働階級の状態』において、その劣悪な労働条件は克明に記されている。

　例えば、劣悪な環境で働くのは成年男子の労働者だけでなく労働者の子供までに及んでいることがこの時代の特徴である。工場主は、幼い者は5歳～6歳から、たいていは8歳～9歳で雇い始めた。労働時間は14時間から16時間継続する[*9]。このような労働環境のもと、子供の死亡率が高く、子供は、全身衰弱し無気力であった。有用な教育を受けておらず、読むことも正しく書くこともできない。子供たちの道徳的状況は嘆かわしく、全犯罪者の半数は、15歳以下であった[*10]。すなわち、無知の悲劇である。

　このような状況の中で、労働者保護を主張する人々の運動もあって、1833年に工場法[*11]が制定されてようやく近代工業に対する子供らの標準労働日が定められた。

　『資本論』第8章では、1833年の工場法制定前後の変遷が記されている。1833年の法律制定以前は、子供や青少年が終夜、終日、あるいはその両方で意のままに働かされていたのが実状だった。1833年の法律によれば、9歳未

満の子供の使用については例外を除いて禁止され、9歳〜13歳までの子供の労働は1日8時間に制限された[*12]。1833年の工場法の制定以後、労働者の環境は奴隷状態から変化していったのである。そして、「自分の時間を自分自身の目的のために前もって配分することができるようになった」[*13]のである。

この時代の大きな特徴は、1833年の工場法制定とともに、労働者が雇い主の奴隷から脱していくようになったことであり、貧弱ではあるものの、法の制定が労働者に大きな影響を与えたと考えられる。

2.2 日本の工業化にみる労働事情

日本の工業化は、イギリスに遅れることほぼ1世紀後の19世紀末から始まったとされる[*14]。日本の工業化は、製糸と綿紡績を中心とする繊維産業および鉱業が突出した地位を占めた。日本の工業化の1つの特徴は、後発工業化にもかかわらず外資導入が極めて限定的であり、基本的には国内で蓄積された民間資本によって、軽工業を基軸とする急速な工業化が遂行された点にある[*15]、という。

日本の工業化の重要な担い手は、女性労働者であった。紡績工場で過酷な労働を強いられた女子労働者たちの体験と調査を記録した細井和喜蔵著『女工哀史』からは、1900年前後の 当時の女工の労働事情がリアルに描かれている。

細井（2009）[*16]によれば、農村から集まった満12歳から30歳までの女工らは、女工寄宿舎で生活をする。その部屋は豚小屋のように汚く、宿舎の裏には、川、海、沼がある場所に建設され、逃亡を防ぐための城廓をなしている。1畳につき2人位をあてがい、暗くて狭い中に押し込められる。労働時間は、12時間以上。食べ物は粗末で、米と汁物で、豚小屋以上に不潔な処を与えられる。女工らには、自由がなく、外出も制限されている。国許への手紙は、工場に不利なことを書いていないかどうか、内容を点検される。書いた手紙は自分で投函できない。送られてきた手紙も、まず点検され、内容によっては、棄却もしくは送り返される。狭い閉じ込められた世界の変則な生活から精神病を患う女工や、劣悪な労働環境から、結核で死亡する女工は少なくなかった。しかし、女

工らは、この悲惨な生活は宿命だと諦めてしまうのが哀れである。

　日本の工業化において、工場法が公布されたのは、1911（明治44）年3月28日のことである[17]。工場法は、工場労働者の保護を図るため、年少者の就業制限、年少者・女子の労働時間制限、業務上の事故に対する雇用者の扶助義務などを定めている。しかし、適用対象は、常時15人以上の労働者が使用されている工場に限られているなど、労働者保護は限定的であった。工場法は、公布から5年の歳月を要して、1916（大正5）年に施行された。

　日本の工業化では、法の制定に加え、女工らへの教育制度を設けた点が画期的であった。女工の4割は、義務教育を終えずに紡績工となる。日清戦争後から日露戦争の頃は、女工の募集も「自由競争時代」[18]にあって、紡績工場で働く女工募集が困難な時であった。そこで、女工として働くと教育が受けられると「教育制度」を吹聴し、女工募集の宣伝に使ったのが教育制度のきっかけになったのである。始めは裁縫を教えていたが、そののち尋常小学校を設置するようになった。尋常小学校設置の目的は、10歳にならない子供を教育すると偽って連れてきて働かせる打算的なものであった。

　女工らへの教育は、生産性や品質性を高めた。下川（2010）[19]によると、「鐘紡は、品質の不安定に関して現場職工の貢献意欲が綿糸の品質を左右し、現場職工の出勤率や勤続が工場の稼働率を左右するという事実を見出し、生産性や品質は、職工の技能、規律、モラル、組織への貢献意欲に依存していた」と結論した。そこで「鐘紡は、職工のモラルの改善、出勤率の改善、勤続長期化と熟練蓄積、さらに職工募集を容易にするためには、工場外の生活でも職工のきめ細やかな要請に応えてやり、かれらが精神的に満足することが必要と認識し、教育を施し、職工の日常生活の安定に介入したのであった」[20]という。この時代から工場主は、職場環境や教育環境を整えることで、女工の生産性、品質の向上に繋がることを気づき始めたのであった[21]。

　教育制度においては、イギリスの工業化にみる労働者の状況と異なるところである。私立小学校の授業時間は退場後2時間が原則となり、午後7時始まり、9時放校で2科目制が採用されていた。尋常科は強制的に入学させて工場長が卒業式を行ったのである[22]。また、工場では、「養成規定」を設けて、技術教育をしている。細井（2009）は、「技術のみを重んじ、人格を軽んじた技術

偏重主義教育」[*23]と批判している。しかし、職場環境や教育環境を整え「近代的労働者の育成」[*24]を図ったことは、日本の工業化の特徴であり、日本の産業を発展させる要因となったと考える。

2.3 中国の工業化にみる労働事情

中国の工業化は、1978年の改革開放以前にもみられるが、ここでは、1978年12月開催された中国共産党第11期3中全会において、「改革開放路線」が採択され、中国経済体制改革の幕が開いてからを、本格的な中国の工業化として捉える。

1978年以降、改革開放政策を推し進めてきた中国は、農業生産請負制[*25]や対外経済開放政策により、経済成長に大きな効果をもたらした。外資導入政策は、その安価で豊富な労働力や広大な用地、潜在的巨大市場などが誘因となって、先進国の企業が相次いで進出するようになり、鉄鋼、家電、繊維、機械設備、化学などの多様な製品で世界一の生産高を記録し、「世界の工場」と呼ばれるようになった。

中国の工業化の特徴としては、工業化のスピードが、イギリス、日本よりもはるかに速いということであろう。とりわけ、「社会主義市場経済」を決定した1992年以降から、沿海部を中心とする、軽工業から電気、石油による重化学工業へのシフト、さらに、コンピュータ、インターネットなどの情報通信の発展が、今日までわずか20年余りで、一気に進行した点に特徴があるとみる。

外資進出による急速な中国の工業化は、中国経済を著しく発展させるとともに、負の側面も生み出した。その1つが、農村部から都市部へ出稼ぎにきた出稼ぎ労働者「農民工」[*26]の労働問題である。

レスリー・T・チャン（2010）[*27]は、中国の都市部の工場で働く出稼ぎ労働者の若い女性たちを取材し、その生き方、生活を描いている。ここで、取り上げられている女性らは、細井（2009）の『女工哀史』で描かれた暗さは感じられない。労働時間、待遇、処罰などの劣悪な労働環境は、英・日の工業化と変わらないが、自らの意思をもって、村を飛び出し、賃金、待遇のよいところを求め、転職を繰り返している点が、イギリス・日本の工業化にみる労働者と大き

く異なるところである。

　それは、中国では情報の規制はあるものの携帯電話等の通信手段を手に入れたことが大きいと考える。90年代から普及したパソコン、携帯電話、携帯メールを利用し、友人同士で情報を交換し、世の中の動きを知ることができるようになった。お互いの職場情報は、どの工場の賃金がいくらで、どんな職場が有利かを伝えあい、より良い条件をもとめて職場を頻繁に変えることができるようになったのである。そして、余暇を利用して、英語やコンピュータ学校に通うことができた。限られた中でも、自分のキャリア形成を自ら考えられる自由さを手に入れたことは、英・日の工業化と大きく異なることであり、中国の工業化にみる労働環境の大きな違いである。

　また、後の節で詳しく記述するが、中国は、1995年に労働法、2008年に労働契約法が制定され、とくに2008年の「労働契約法」制定以降、労働者の労働環境は、課題を残しながらも改善されることとなった。

2.4　英・日・中の労働環境の変容にみる比較分析

　図表4-1と図表4-2は、参考文献[28]にもとづき、英・日・中の各国の工業化にみる労働環境の変容について、その特徴を〈労働編〉と〈生活編〉にまとめたものである。〈労働編〉では、労働の背景、年齢、就労業務、労働時間、賃金、処罰、法制度、教育、ストライキの比較を行った。〈生活編〉では、衣食住、通信手段、心情、健康、性道徳を比較した。

　イギリスの工業化の労働者と、日本の紡績工場で過酷な労働を強いられた女子労働者たちに比べ、『現代中国女工哀史』に登場する出稼ぎ労働者の呂清敏は、夜間学校に通い携帯電話で友人と繋がり、自らの人生を変えようとする野心的で積極さが見られた。どの時代においても、労働環境は劣悪であることには変わりがないが、時代の経過とともに大きく変容したのは、工場法・労働法の制定、教育制度、情報通信革命であったと考えられる。こうした変容の歴史的意義は大きい。

▶1 ── 工場法・労働法の制定

イギリスは、1833年に工場法が制定され、それ以後、労働者の環境は奴隷状態から解放されていった。

日本は、1911年の工場法が配布され、年少者の就業制限など、年少者の労働は限定的であったが保護された。

中国は、1995年に労働法、2008年に労働契約法が制定され、特に2008年の労働契約法制定以後、労働者の労働環境は改善されるようになった。

▶2 ── 教育制度

アマルティア・セン[*29]は、国の発展のためになすべきことは「貧しい人々のためになるような人間的発展と学校教育の普及の実現」[*30]と、述べている。日本が発展したのは、非常に早い時期から、学校教育と人間発展を優先させていたことであるとアマルティア・センは指摘しており、教育の重要性を説いている。

また、アマルティア・センは、インドと中国の経済発展に関しても比較している。この中でセンは、「中国では、特に若年層においては100％に近い識字率を達成しているのに、インドはまだそれとはほど遠い。このことが、インドのグローバル経済への参加を阻む、唯一の障壁」[*31]と指摘している。この点に関しては、各国の工業化の労働事情からも明らかである。イギリスの工業化においては、子供は字も読めず、書けなかった。日本の工業化では、工場の思惑はあったものの、労働者の育成を行った。そして、中国の工業化では、自らの余暇を利用して、学べる自由を手に入れた。この3次元の発展は、教育とともに形成されたといえるであろう。

▶3 ── 情報通信革命

イギリスの工業化の通信手段は手紙であったが、子供たちは字も書けず読めなかったため、通信手段を活用することはできなかった。日本の女工らは、読み書きはできても、書いた手紙は管理され、情報は操作されていた。しかし、検閲はあるものの、情報通信手段は確保できていた。中国の工業化では、中国の言論の自由、情報規制はあるものの、日常生活では携帯電話、インターネットを自由に使いこなすことができるようになった。

図表4-1 工業化における英日中の労働者階級の労働事情比較（労働編）

国	イギリス	日本	中国
年代	18世期後半〜19世紀前半	1900年前後	2000年前後
地域	ロンドン	全国の紡績工場	広東省
労働の背景	工場の急速な拡大によって、労賃は高まり、その結果として、労働者は農業地帯から都市部へ移る。	農村は貧しく親のために出稼ぎにくる。	早く村を出て、世の中をみたいという都会への憧れ。
年齢	幼い者は5歳〜6歳 たいていは、8歳〜9歳で働き始めた。	入社の年齢は、満12歳から30歳まで。	呂清敏は16歳。工場は、10代から30歳を過ぎた既婚者まで。大半は女性。
就労業務	工業労働者。	紡績職工。	呂清敏の場合 目覚まし時計、計算機、世界時計付きの電子カレンダーをつくる。組み立てライン。
労働時間	14-18時間。9-13歳までは毎日6時間半（以前は8時間、もっと前は12-16時間）13-18歳まで12時間。	工場法発布以前は紡績12時間。織布14時間。工場法発布後は、紡績11時間、織布12時間。夜業あり	朝8時から夜更けまで。休憩2回はさんで1日13時間。
賃金	16-20歳の娘週10-12リシリング。（1844年10月）	某工場の新入者初給規定。（大正9年大阪）一般女工55銭〜60銭。	給料は、1カ月で400元。（2003）残業をいれると800元。
処罰	労働者が他人と会話し、歌を歌い口笛を吹くと6ペンスの罰金。作業中に席を離れると6ペンスの罰金。3分遅刻で、15分の賃金を、20分の遅刻で、4分の1日分の賃金を差し引かれる。	本管を1本床の上へおとすと、バケツに水を入れたのをもって立たされる。木綿の等級を一等品から四等品までに分け、合格品は、一等品だけ。二等品以下の不合格品として罰金をとる。不合格品を織った女工の台へ赤旗などを立て、一目でわかるようにする。	作業中のおしゃべりは禁止。見つかれば罰金5元が科せられる。
法律制度	1833年工場法が制定	1911（明治44）年労働立法の工場法が制定 施行は、公布から5年後の1916（大正5）年。	1995年労働法の制定 2008年労働契約法の制定
教育	有用な教育を受けていない。17歳の少女は、2×2がわからなかった。	裁縫を教える 女工の勧誘に私立尋常小学校の設置	呂清敏の場合、職業高校に2年間通う。村でもっとも教育水準の高い人たちがいくところ。民間の学校に通う。英語とコンピュータは人気のある科目
ストライキ	1842年マンチェスターで人民憲章と高賃金を要求するゼネラルストライキが起こる。	皆目労働条件にふれない。大正4年上毛モスリンへ退職手当要求。大正10年東京紡績労働条件改善。大正11年愛知織物へ待遇改善。	2010年賃上げ要求が自動車産業を中心に発生した。

出所：エンゲルス（1960）『イギリスにおける労働階級の状態』新潮社、カール・マルクス（2010）『資本論 第一巻（上）』筑摩書房、細井和喜蔵（2009）『女工哀史』岩波書店、レスリー・T・チャン（2010）『現代中国女工哀史』白水社、アレクサンドラ・ハーニー（2008）『中国絶望工場』日経BP社により、筆者作成
（注釈）なお、図表内の表現は、参考文献の記述に基づく。

図表4-2 工業化における日英中の労働者階級の労働事情比較(生活編)

国	イギリス	日本	中国
年代	18世期後半〜19世紀前半	1900年前後	2000年前後
地域	ロンドン	全国の紡績工場	広東省
住まい	10〜12フィートの部屋に家族4〜5人で暮らす。通風がよくなく、じめじめして健康によくない。	女工寄宿舎は、豚小屋のよう。全国約半数の工場は人工的にお城の濠のような塀をつくり、寄宿の裏が河、海、沼にあたる場所へ建設。	建物はタイル張りで、トイレに近い12人部屋の寝棚で寝る。部屋は汚く、嫌な臭いがした。
食事	質の悪いじゃがいも、オートミール少々。ミルクはまれ、肉はほとんど口にしない。野菜はしなびれている。チーズは、古い下等品、ベーコンは悪臭を放っている。	半ば腐敗したおかずが豚小屋以上不潔な処で与えられる。まずくて不潔。コメは外米か最下等の米。	社員食堂の食事がひどい。ご飯に肉か野菜の一皿。それにスープがつくが、水っぽい。マクドナルドのビックマックを初めて食べる。
衣	粗末。女性の衣服は、キャラコ。男性は、綿ビロードのズボン。気候にあっていない。重い木綿製の衣服は、毛織物より厚手で、重い。	上着(冬は黒。夏は立て横縞)正袴(黒)。化粧や鏡のもち込みを禁止。	呂清敏は、背が高くがっしりした体格。カーリーヘア。カーゴパンツに運動靴。
余暇の過ごし方	雇い主に管理され、自由がない。	労働婦人はほとんど自由がない。外出制限。外出は成績の良好な者に限り1カ月に一遍。部屋長、世話婦、舎監の3人から検印をもらう必要がある。	自ら余暇を利用して、コンピュータ教室に通い、「ワード」や「エクセル」の使い方を練習する。
通信手段	字が書けないので、手紙も書けない。	国許への手紙は、その内容に工場の不利なことが書いていないか点検。通信の自由を奪われる。受信も事務所で封書は開封される。	インターネットを使う。出稼ぎ労働者にとって、携帯電話は初めての大きな買い物。携帯電話がなければ、友達付き合いも、職探しも実際のところ無理。
心理・表情	労働者は、どうせ餓死することになるなら、働いて飢えて死ぬより、怠けて死んだ方がましと思う。	悲惨な生活を一時は呪うがやがてどうにもならない宿命だとあきらめる。無知に基づく宿命観をもっている。あきらめの哲学	少しでも上を目指す。自分を叱咤し、どんな目にあってもめげず、時には驚くほど大胆な行動にでる。
健康	工場労働者の子供たちの死亡率が高い。2〜3時間の睡眠しか許されない。奇形者が多い。絹撚糸工場での過度労働が原因。	一般社会よりも遥かに高い確率で精神病患者を出す。総死亡千人中386人が結核、またはその疑いのあるもの。「紡績工の三種病」は、消化器病と脚気および感冒。	呂清敏の工場の新入り工員がシングルパンチ成形機で左手の四本の指を失う。1週間後、同じ機械で新人の3本の指先をのみ込む。どちらの工員もきちんとした訓練を受けていない。
性道徳	14-20歳までの若い工場婦人労働者の4分の3は、雇い主に初夜権を与える。工場主は、婦人労働者の肉体の支配者。拒絶すると10人中9人は解雇。	一般に女工といえば、貞操観念がない、破廉恥な女と思われていた。	インターネットで交際相手を探す。危険をはらむこのやり方から「QQ愛」という歌も生まれた。QQとは、中国で最も人気の高いSNS。

出所:エンゲルス(1960)『イギリスにおける労働階級の状態』新潮社、カール・マルクス(2010)『資本論 第一巻(上)』筑摩書房、細井和喜蔵(2009)『女工哀史』岩波書店、レスリー・T・チャン(2010)『現代中国女工哀史』白水社、アレクサンドラ・ハーニー(2008)『中国絶望工場』日経BP社により、筆者作成
(注釈)なお、図表内の表現は、参考文献の記述に基づく。

図表4-3 中国のインターネットユーザーの推移

年	ネットユーザー人口
1997	620,000
2000	8,900,000
2002	33700000
2004	79,500,000
2005	94,000,000
2006	111,000,000
2007	137,000,000
2008	298,000,000
2009	384,000,000
2010	420,000,000

出所：中国互聯網絡信息中心「27次中国互聯網絡発展状況統計報告」をもとに筆者作成

渡辺浩平（2011）によると、中国のネットユーザーは、図表4-3の通り、2010年7月で4億2千万人であり、これは、国レベルでいうと世界一という[32]。2010年12月には4億5700万人、普及率は、31.8％、都市と農村の構成比（2010年7月）都市72.6％、農村27.4％である[33]。中国のインターネットは、規制のある中においても、中国社会の進歩と発展を推進する最も重要なパワーになっている。

外出もできず、雇い主の言いなりになって、工場の中に閉じ込められた時代とは違い、情報通信革命によって中国の労働者らは、見ず知らずの誰とでも、時空を超えて繋がることを可能にしたのである。人、時間、空間を自由に繋いだ情報通信革命の進行は、大きな歴史的変化であるといえよう。

3. 中国出稼ぎ労働者の現状と課題

本節では、まず、基本認識として、中国における農村部と都市部の格差拡大と戸籍問題を採り上げ、出稼ぎ労働者の労働実態を分析することによって、中国労働事情の現状と課題について掘り下げる。

3.1 農村部と都市部の格差拡大と戸籍問題

▶1── 農村部と都市部の経済格差

胡錦濤国家主席は、2003年の就任以来、「和諧（調和のとれた）社会」の建設を政治目標に掲げ、貧富の格差縮小を目指した。中国政府は、2004年12月経済工作会を開き、2005年の経済運営の基本方針の中で、都市部と農村部

の経済格差の是正が要として、「三農問題」[*34]（三農＝農業、農村、農民）を重点目標として取り上げた。

2006年3月に開催された第10期全国人民代表大会の「第11次5カ年計画」において、投資主導から消費主導の成長へと経済構造の転換を打ち出し、農村家庭と都市家庭の格差是正については、農民の所得向上を重視して農村部に重点的に財政投入する方針を示した[*35]。

しかしながら、都市家庭と農村家庭の格差は、縮まるどころか拡大傾向にある。

農村部と都市部の格差について、農村と都市の住民家庭1人当たりの所得、農村家庭と都市家庭のエンゲル係数、ジニ係数から考察する。

図表4-4と図表4-5は、農村と都市の住民家庭1人当たりの所得をまとめたものである。2007年からの2009年までの3年間において、1人当たりの農村

図表4-4　農村と都市の住民家庭一人当たりの所得

年	農村住民家庭1人当たり純収入		都市住民家庭1人当たり可処分所得	
	元	前年比（％）	元	前年比（％）
1978	134		343	
1980	191	19.4	478	17.9
1985	398	11.9	739	13.3
1990	686	14.1	1,510	9.9
1995	1,578	29.2	4,283	22.5
2000	1,926	1.9	6,280	7.3
2001	2,366	5.0	6,860	9.2
2002	2,476	4.6	7,703	12.3
2003	2,622	5.9	8,472	10.0
2004	2,936	12.0	9,422	11.2
2005	3,255	10.8	10,493	11.4
2006	3,587	10.2	11,760	12.1
2007	4,140	15.4	13,786	17.2
2008	4,761	15.0	15,781	14.5
2009	5,153	8.2	17,175	8.8
2010	5,919	14.9	19,109	11.3
2011	6,977	17.9	21,810	14.1
2012	7,916	13.5	24,565	12.6

出所：21世紀中国総研編（2013）『中国情報ハンドブック（2013年版）』蒼蒼社より、筆者作成

図表4-5 農村と都市の住民家庭一人当たりの所得の比較

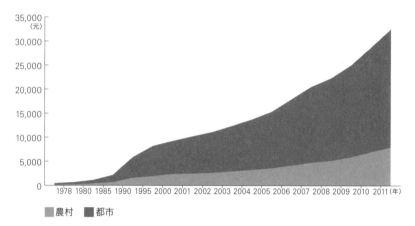

出所:『中国情報ハンドブック(2013年版)』を参考にして筆者作成

家庭と都市家庭の所得を比較してみると、都市家庭と農村家庭の所得の格差は、3.3倍に達している。2010年から2012年までは3.1倍とやや低くなっている。しかし、1985年の1.86倍に比べ、格差が拡大していることが読みとれる。

農村家庭と都市家庭の格差について、エンゲル係数によって比較したのが図表4-6と図表4-7である。農村家庭と都市家庭のエンゲル係数の推移をみてみると、1978年の農村家庭と都市家庭のエンゲル係数の格差は、10.2%であった。1980年代から1990年前半は、4.5%〜4.9%を推移している。しかし、1990年代後半から社会主義市場経済が加速すると両者のエンゲル係数の開きが大きくなり、その格差は8%台から9%台に拡大した。しかし、2004年の9.5%をピークにその後の農村対策の効果もあって格差は縮小し、2008年5.8%、2009年4.5%、2012年の格差は3.1%まで縮小した。エンゲル係数から捉えると格差は縮小していると考えられる。しかし、果たしてそうであろうか。

中国政府は長い間、全国のジニ係数[*36]を公表していなかったが、2013年1月中国国家統計局は2003年以降のジニ係数を発表した。それによると、

図表4-6　農村家庭と都市家庭のエンゲル係数(%)の推移比較

年	農村家庭①	都市家庭②	格差（①-②）
1978	67.7	57.5	10.2
1980	61.8	56.9	4.9
1985	57.8	53.3	4.5
1990	58.8	54.2	4.6
1995	58.6	50.1	8.5
2000	49.1	39.4	9.7
2001	47.7	38.2	9.5
2002	46.2	37.7	8.5
2003	45.6	37.1	8.5
2004	47.2	37.7	9.5
2005	45.5	36.7	8.8
2006	43.0	35.8	7.2
2007	43.1	36.3	6.8
2008	43.7	37.9	5.8
2009	41.0	36.5	4.5
2010	41.1	35.7	5.4
2011	40.4	36.3	4.1
2012	39.3	36.2	3.1

出所：中国国家統計局編『中国統計年鑑（2013年版）』中国統計出版社を参考にして筆者作成

図表4-7　農村家庭と都市家庭のエンゲル係数(%)の推移比較図

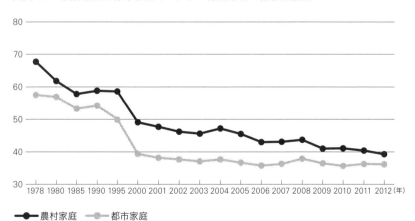

出所：『中国統計年鑑（2013年版）』を参考にして筆者作成

2003年のジニ係数は0.479だったが、2008年に0.491とピークに達し、それ以降徐々に低下し、2012年のジニ係数は0.474であった[*37]。(図表4-8)

ジニ係数は、その国の所得格差を表すもので、係数が高くなればなるほど不公平になり、社会が不安定になると言われている。数値の目安[*38]は、0.1未満は、「非常に平均化されているが、仕組まれた人為的なものもある」0.1～0.2は、「相当平等だが、発展への努力を阻害する懸念がある」0.2～0.3は、「社会で一般的な分配型である」0.3～0.4は、「少々格差は見られるものの、競争という面からは好ましい」0.4～0.5は、「格差がきつく、社会不安定要素がある」0.5以上は、「早急な是正が必要とされる」である。

中国は、2012年0.474であるので、「格差がきつく、社会不安定な要素がある」状態であり、警戒ラインを超えている。中国政府はジニ係数の発表によって正式に所得格差の拡大を認めたといえよう。

▶2── 中国出稼ぎ労働者の戸籍問題

なぜこれほどまでに、都市部と農村部の格差は拡がってしまったのか。都市と農村の間で大きな格差が存在した要因の1つには、1958年に導入された戸籍制度にある[*39]、と考えられる。

戸籍制度は、中華人民共和国政府が社会主義建設の過程において導入した制度である。1958年1月『戸籍登録条例』が公布され、農村戸籍と都市戸籍を登録する全国統一の制度が施行された。これにより、農村から都市に転居する場合、必ず都市労働部門発行の採用通知、学校の入学証明、都市戸籍登録機関による転居証明が必要になり、農村と都市部の分断統治体制がつくられていった。1958年の条例では、都市戸籍と農民戸籍に分けられ、農民から都市へ自由に戸籍を移すことができない戸籍制度が設けられた[*40]。

戸籍制度が緩和されたのは、1984年の「暫定居住証」の取得などの条件付きで、農民の都市部就労が認められた。この背景には、安い労働力を求め外資が進出してきたことにより、都市部での労働力の需要が高まったことが挙げられる。特に、顕著になってきたのは、90年代に入ってからのことである。農民は農村での不完全雇用を放棄し、都市部の建設現場などへ出稼ぎに行くようになった。農村から都市への出稼ぎ労働者は、1億6,336万人[*41]（2012年

図表4-8 中国全国のジニ係数の推移

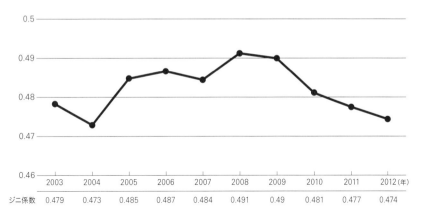

出所：ジェトロ通商弘報（2014.1.24）をもとに筆者作成

図表4-9 中国出稼ぎ労働者の推移

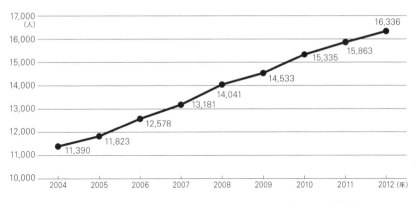

出所：中国人的資源社会保障部、独立行政法人労働政策研究・研修機構のホームページをもとに筆者作成

現在）に上り、内陸部の発展で地元回帰の動きが見られるものの、出稼ぎ労働者は依然として増えている。（図表4-9）

出稼ぎ労働者の主要な就労産業は、図表4-10のように、建設業（16.3％）電子電器（13.5％）アパレルと靴製造業（11.7％）飲食業（9.4％）という4つ

第4章 中国改革開放以降の工業化にみる労働環境の変容と課題　113

の業界に就労する出稼ぎ労働者は、全体の50.9％に達している。全体からみると、出稼ぎ労働者の就労する分野は製造業を中心に、建設業、サービス業などに幅広く分布している[42]。

北京、上海などの大都市では、出稼ぎ労働者に対して厳しい就業制限があった。1995年に制定された「北京市外来人員管理条例」など、労働行政では出稼ぎ労働者に開放しない業種や職種について明文化した規定が出されていた。この条例は、2005年に市人民代表大会で廃止されているが、仕事の獲得競争に際して、地元住民と出稼ぎ労働者の就労機会は平等でない[43]と、言われている。

出稼ぎ労働者の就労の問題は、戸籍問題が撤廃されていない中で、多くの農民が都市部へ出稼ぎに来ていることにある。出稼ぎ労働者は、滞在先の戸籍をもっていないため、地元の住民と同じように失業、医療、労災、年金などの社会福祉を享受することができずにいる[44]。

労働保障が保護されず、休日もなく1日12時間以上の過酷な労働を強いられるケースも多くみられる。不安定なまま働き、出稼ぎが終われば、都市部の戸籍ももてないため、再び農村に帰ることになる。再び故郷に帰ることができるのは幸せな方であり、中には職業病で死に追い込まれる労働者もいる。

図表4-10 出稼ぎ労働者の主要な就労産業の構成割合（％）

建設業	16.3	玩具製造	2.7
電子電器	13.5	プラスチック製品加工	2.1
アパレルと靴製造業	11.7	卸売	1.9
飲食業	9.4	家具製造	1.7
機械製造	6.2	印刷	1.0
商業	6.0	製薬	1.0
食品製造業	4.9	石油化工	0.9
交通運輸業	4.3	木材加工	0.9
家庭サービス業	4.0	その他	4.9
鉱山	3.4		
紡績	3.2	合計	100

出所：戴秋娟（2009）『中国の労働事情』生産性労働情報センターを参考にして筆者作成

3.2 中国出稼ぎ労働者の実態

▶1 ── 出稼ぎ労働者の悲劇：「癌症村（ガン村）」の実態

アレクサンドラ・ハーニー（2008）は、「世界の工場」の中心部である中国広東省の複数の工場地帯に潜入調査して、出稼ぎ労働者の実態を明らかにした[*45]。

2000年、広東省にある輸出用宝飾品の材料となる水晶、オニキス、砂金石などの半貴石の加工やイミテーション製造する宝石工場で働いていた鄧文平（仮名）は、塵肺症の一種である珪肺症と診断された。半貴石を磨いた時に舞い上がる粉塵を吸い込んだために発症した。病名を宣告された後も、工場に戻り働いた。1日無断で欠勤すれば3日分の給与を差し引かれるのだ。その後、働くことができなくなった鄧文平は、補償金なしで解雇された。彼は、訴訟を決意し、工場側と闘うことになった。裁判は長年続き、金銭的、精神的に彼を追い込んだが、香港のNGOの援助を受け、裁判所は、被告の勤務していた工場側に対して23万元近くの補償金の支払いを命じる判決を下した。その後まもなく彼は亡くなった。享年36であった[*46]。

2005年末現在、中国には職業病の事例が66万5,043人と記録されており、そのうち90％が塵肺症だという。出稼ぎ労働者は、3K（きつい、きたない、危険）の仕事に就く傾向があり、健康や安全に関する国内法も軽視されやすい。地方政府も腐敗が横行しており、工場側がお金を渡すと簡単に買収される始末である[*47]。

このような出稼ぎ労働者の職業病や企業の水質汚染が原因でガン患者が発生した村のことを「癌症村（ガン村）」と呼んでいる。中国全土には「ガン村」が100カ所を超えたといわれている[*48]。

▶2 ── 労働者の不安不満：ストライキの多発

中国においてストライキの法的根拠はない。1982年に憲法の公民権利のなかから「ストライキの自由」は削除されている。しかし、2010年にはストライキが頻発した。発端となったのは、2010年5月台湾の大手電子機器メーカー「富士康国際（フォックスコン）」の広東省の工場で10代後半から20代前半の若

者の連続自殺問題が起きた。劣悪な労働環境が従業員を自殺に追い込んだとされ、従業員がネット上で自殺に抗議するために、ストライキを呼び掛けたとされている。これが機となり、日系企業においても、ホンダ・トヨタの自動車メーカー・自動車部品メーカーを中心に、賃上げ要求をはじめ労働条件の改善を求めるストライキが各地で起きた。2010年のストライキによって広東省の日系工場は25％〜最高70％まで賃上げに同意したという[*49]。

　2010年の賃上げストの後、しばらくストライキは沈静化するが、2011年秋以降に再び起きている。2010年のストライキとの違いは、「経済補償金先払い要求スト」「待遇改善要求スト」「反日ストライキ・反日サボタージュ」が目立ったという。賃上げではなく、業績の不振で待遇が悪化した不満、不安、ストレスによる感情的なストライキであったようだ[*50]。

　ストライキや労働争議には、労働者の権利が適切に守られていないなど企業側の問題に起因するものもあれば、労働者側の過度な権利意識や情緒的なものも多く見られる。労働契約法を曲解して、「騒ぎを起こせば、何かが与えられるのではないか」という考えからストライキや争議を起こすようなケースも少なくない。

　ストライキ発生の企業をみると、ほとんどが日系企業、外資系企業である。外資企業と内資企業を賃金で比べた場合、外資企業の方が高い。待遇面でも内資企業と比較すると恵まれている点が多い。それなのになぜ外資系企業でのストライキが多いのであろうか。社会主義市場経済のアンバランスのひずみを中国政府も理解しており、国家の批判へと目が向かないように、抑制的にストライキを上手く利用している面もあると推測される。

▶3 ──「80后90后世代」にみる新世代出稼ぎ労働者の意識変化

　出稼ぎ労働者の全体の60％にあたる1億人以上[*51]を占めるのが"80后（パーリンホウ）・90后（チューリンホウ）[*52]"と言われる新世代出稼ぎ労働者である。80后、90后世代は、中国の一人っ子政策以降に生れた世代であり、新生代出稼ぎ労働者は、農村で生まれながら、農業をしたことがない若者が多い。新世代出稼ぎ労働者の課題は、2010年の中央一号文書（最重要政策を示す文書）の中で、取り上げられている[*53]。

新世代出稼ぎ労働者80后、90后世代の特徴は、「三高一低」つまり、「高い教育水準」「高い職業期待値」「高い物質的精神的欲求」「低い忍耐力」である。甘やかされ世間知らずだが、教育を受けているため頭は悪くない。ネットで情報を巧みに扱い、夢や理想を描き向上心もある。だからこそ、現状に不平不満をもちやすく、挫折や困難を味わった時、耐え忍ぶより、自殺や、ストライキなどといった衝動的、大胆な行動にでる傾向がある[*54]。従来の出稼ぎ労働者とはライフスタイルも価値観も全く違う。前述のストライキの中心になったのも新世代出稼ぎ労働者である。こうした新世代出稼ぎ労働者は、今後益々増加し労働力の主流となる。高い権利意識をもち、自己の利益追求の最大化を考える新世代は、出稼ぎ労働者のみならず1980年代以降に生まれた若者の共通した意識でもあり、その動向は、中国政府にとって中国社会を大きく揺るがしかねない存在である。彼らの不平不満が中国政府へ向かないようにコントロールすることも重要となってきている。日系企業においても新世代「80后90后」の意識変化を捉えた労務管理、教育が求められている。

3.3 沿海都市部での労働者不足と賃金上昇

　中国の経済成長は、農村出身で人件費の安い労働者が都市部に移動し、工場の出稼ぎ労働者になることで発展してきた。前述の通り中国には、農村から都市部へ来て年間6カ月以上就業している出稼ぎ労働者は、1億6,336万人（2012年現在）に上っている。出稼ぎ労働者の推移は増加しているものの、沿海都市部での出稼ぎ労働者の労働者不足が起きている。この要因は主に次の3つがあると考えられる。

　1つは、中国政府が2008年11月に発表した4兆元の景気刺激策として内陸部でインフラ整備などに巨額投資をしたことによって、沿海都市部へ行かなくても内陸部で仕事が見つかるようになったことである。これによって、出稼ぎ労働者の流れは、従来の沿海の都市部一極集中から、中西部の内陸に分散傾向がみられるになったことである。以前のように、仕事を求めて沿海部の都市へ移動する構図が崩れてきている。

　2つは、1979年に一人っ子政策を導入し[*55]、その徹底によって若年労働

人口が減少し始めていることである。1976年以降の10年間で生まれた人口（5-14歳）が急激に減少した。その年齢層は10年経った2000年に15-24歳の労働人口に成長したが、それ以前の10年間（1966-75年）で生まれた人より約5,000万人も少ない[*56]。前述した「80后90后」と言われる世代である。労働人口減少によって、農村から都市部への余剰労働力、すなわち出稼ぎ労働力は減少傾向にある。

3つは、大学の進学率の急上昇がある。1999年から、中国政府は大学改革を始めている。厳（2009）によると、「各種高等教育を受ける在学中の学生数は98年まで220万-340万で安定していたが、99年以降増加するスピードを速め、2007年には1,885万人に上った。わずか10年足らずで、在校生は8倍に増え、18-22歳人口に占める比率（進学率）も4％から23％に上昇した」[*57]と分析している。このような、大学進学率の急上昇が、若年労働力の減少を招いたとみられる。

以上3つの要因により、沿海都市部での労働力が不足し、そのため、企業にとっては、労働者の確保を図るために、賃金を上げざるをえない。

図表4-11は、北京市・上海市・深圳市の最低賃金[*58]の推移を表したものである。1995年の最低賃金は北京市が240元、上海市が270元、深圳市が380元であった。1995年の上海市の最低賃金（270元）と2013年の最低賃金（1620元）を比較すると18年間の間に6倍も上昇している。また、図表4-12は、中国の都市単位就業者の平均賃金の推移を表したものである。1978年の平均賃金は、わずか615元であったものが、2012年は46,769元に及んでいる34年間の間に76倍になっている。

最低賃金・平均賃金の上昇と相まって、中国国内の人件費は、今後さらに上昇することが予想[*59]され、現状、中国の労働者は労使交渉において有利な立場になっている。進出日系企業も人件費上昇によって収益が圧迫されてきている。

図表4-11　北京・上海・深圳の最低賃金（人民元）

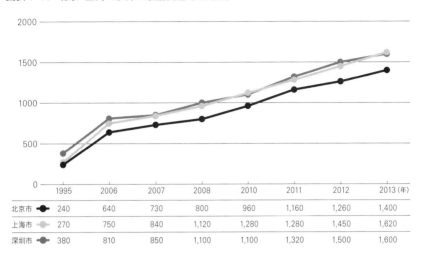

	1995	2006	2007	2008	2010	2011	2012	2013（年）
北京市	240	640	730	800	960	1,160	1,260	1,400
上海市	270	750	840	1,120	1,280	1,280	1,450	1,620
深圳市	380	810	850	1,100	1,100	1,320	1,500	1,600

出所：三菱東京UFJ銀行国際業務部、国際労働データ比較（2013）をもとに筆者作成

図表4-12　都市単位就業者の平均賃金（年収）の推移

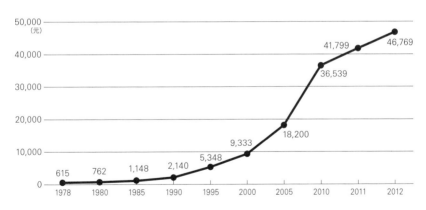

出所：中国国家統計局人口和就業統計司・人力資源和社会保障規則財務局司編『中国労働統計年鑑』
中国統計出版、および『中国情報ハンドブック（2013年版）』をもとに筆者作成

4. 中国「労働契約法」にみる現状と課題

　前節では、中国の出稼ぎ労働者における現状と課題を掘り下げた。次に中国の労働に関する法の整備について考えてみたい。

　前述のとおり、イギリス工業化の1833年に制定された工場法は、9歳未満の子供の労働を制限した。日本の工業化の1911年（明治44年）制定、1916年（大正5年）に施行された工場法は、年少者の就業制限、年少者・女子の労働時間制限を定めた。いずれも不十分ではあるが、労働者保護の第一歩となった。中国では、労働に関する法の整備は、今日までどんな変遷をたどったのか明らかにする。

4.1 中国「労働法」の変遷

　中国は、文化大革命（1966～1976）の時代は、法律はほとんどなかった。法律よりも政治的有力者の判断が優先されており、まさに人治の時代であった。毛沢東の死後、鄧小平の時代になり、中国市場を開放するという改革開放政策がとられるようになった時から法律が制定され始めた[*60]。よって、1978年以前の計画経済時代は、労働法は存在せず、労働者に対して終身雇用が保障され、すべて国の統一的行政命令により行われていた。

　1992年の社会主義市場経済の本格的導入により、社会主義という枕詞はつくが、市場経済体制を取るためにはルールが必要となり、法整備は急速なスピードで進んだ。労働法においても、市場経済の導入により、外資企業が増加したため、外資企業に限定して労働契約制度を実施したのが始まりである。1994年「労働法」が制定（1995年施行）されている。この時代の労働法は、「短期間、有期限の労働契約」が主であり、企業側有利の労働法であった。「短期間、有期限の労働契約」雇用形態は、企業にとっては、リスクもコストもかからず雇用の調整ができる点で好都合であった。このような雇用形態によって前述の出稼ぎ労働者の低賃金、劣悪な労働環境がつくりだされ、中国は急速な発展ができたのである。

4.2 中国「労働契約法」制定の背景

　なぜ2008年に「労働契約法」が制定されたかのか。中国経済は、1989年6月4日の天安門事件により、外資系企業の進出がストップし、約2年間、一時的に停滞する。その転機が1992年1-2月の指導者鄧小平による中国南部視察と講話であり（「南巡講話」と呼ばれている）、同年10月の中国共産党第14回党大会における「社会主義市場経済」路線の確定であった。この決定は、それまで明確な方向性をもっていなかった中国において、初めて公式的な路線が示されたという意味で画期的なことであった。それを機に安い労働力を武器に世界から外資を導入し、経済面での市場経済化に邁進「中国経済の国際化」が大きく進みはじめる。2001年にはWTO加盟を果たし、「世界の工場」から「世界の市場」へと、中国経済は、2000年代平均成長率2ケタの急速な勢いで発展し続けてきた。

　一方で、中国の労働者たちは、低賃金、長時間労働など劣悪な労働条件のもとで働かされてきたという問題が浮き彫りになってきた。経済成長の陰で酷使される中国労働者の実態が深刻になる中で、不満も拡大している。「和諧社会」の構築を掲げる政府は、これらの労働問題を見過ごせなくなってきた社会の動きの中で、格差是正のため2008年「労働契約法」とその実施条例を施行したのである。

4.3 中国「労働契約法」の概要

　「労働契約法」の制定の目的は、第1条の「労働契約制度を整備し、労働契約の当事者双方の権利と義務を明確にし、労働者の合法的な権益を擁護し、調和の取れた安定した労働契約関係を構築し、発展させるため本法を制定する」と示されている。

　「労働契約法」の主な概要は、図表4-13の通りである。特徴は、①書面による労働契約の義務化（労働契約法第10条）②試用期間の設定が詳細化（労働契約法第19条）③労働契約期間満了時の経済補償金の支払（労働契約法第46条、47条）④無固定期限労働契約の強化（労働契約法第14条）⑤残業強制

図表4-13 中国「労働契約法」の概要

① 書面による労働契約の義務化（労働契約法第10条）
② 試用期間の設定が詳細化（労働契約法第19条）
③ 労働契約期間満了時の経済補償金の支払（労働契約法第46条、47条）
④ 無固定期限労働契約の強化（労働契約法第14条）
a. その職場で10年以上勤務している。
b. 定年まで10年以内。
c. 連続2回、期限限定の雇用契約を結んだ。
⑤ 残業強制の禁止（労働契約法第31条）

出所：中国「労働契約法」を参考にして筆者作成

の禁止（労働契約法第31条）などである。共産党政権維持のためには、雇用の安定、労働の安定が急務というわけである。

この結果、中国での企業経営は人件費が上昇しコストアップになってきている。安価な労働力を求めて製造業を中心に進出した日系企業にとっても、労働者の賃金の上昇は、経営に重くのしかかっており、中国以外の国への拠点をシフトするなど、経営方針の見直しの検討に取り掛かる企業も現われた。

4.4 中国「労働契約法」にみる意義と限界

▶1 ── 労働契約法の意義

労働契約法の意義は、次の3つにあると考える。1つは、労働契約の書面化を1カ月以内に締結することを義務付けたことである。契約の内容について、①使用者の名称、住所及び法定代表者または主たる責任者 ②労働契約者の氏名、住所及び住所身分証明書その他有効な身分証書の番号 ③労働契約期間 ④業務内容及ぶ勤務地 ⑤勤務時間並びに休憩、休日及び休暇 ⑥労働報酬 ⑦社会保険 ⑧労働保護、労働条件及び職業性の危害の防護 ⑨法律、行政法規に規定する労働契約に記載すべきその他の事項（労働契約法第17条）など、詳細に文書化することを求めた。これにより、使用者側と労働者側の責任が明確になったことである。

2つは、長期雇用が可能になったことである。一定条件を満たすことで、長期雇用（無固定期限労働）が担保される。長期雇用が可能になることで、長期

図表4-14 労働時間と割増賃金

労働時間 労働法 第36条 第38条 第41条	通常勤務	1日あたり8時間以内、 週40時間以内
	残業時間	1日あたり1時間以内、 MAX 1日3時間以内、月36時間以内
	休日	最低週1日
時間外勤務賃金 労働法 第44条	残業時間に対する割増	賃金の150%以上
	休日労働に対する割増	賃金の200%以上
	法定休日労働に対する割増	賃金の300%以上

出所：中国「労働契約法」を参考にして筆者作成

における人材育成、技術の継承、離職率の低下などが期待できる。

3つは、残業強制の禁止である。労働契約法第31条では、「使用者は労働ノルマ基準を厳格に執行し、労働者に対し時間外勤務を強要する又は形を変えて強要してはならない。使用者が時間外勤務を手配する場合は、国の関連規定に基づき労働者に時間外勤務賃金を支給しなければならない」としている。労働ノルマ基準とは、労働法の第36条、38条、41条に定めている労働時間であり、時間外勤務賃金は、第44条を遵守することである。（図表4-14）

法の定めにより、出稼ぎ労働者らの雇用がある程度保証されるようになったことは意義のあることである。

▶2── 労働契約法の限界

労働契約法が制定されたことは、労働者保護の視点からみれば大きな意義があるが、そこには限界もあると考察する。

すなわち、中国における法の限界は、次の3つにあると考える。1つは、中国国家の仕組みが三権分立ではないことにある。人民法院（日本の裁判所に相当）は、全国人民代表大会に対して責任を負う構造になっている。中国では、全国人民代表大会が最高の権力機関として存在しているため、立法としての独立した役割はないのである。

射手矢（2010）は、中国では、法律は政府が社会を管理する手段であると指摘している。中国は、共産党が国家を指導するという色彩が強く、国家が法律を使って社会をコントロールしようとする発想に根本的になっているとい

う*61。この点が、中国における法の限界であり、課題であると考えられる。

　2つは、急激な社会、経済発展に適合した法整備がされていないことである。例えば、労働契約法だけでは、前述の「ガン村」の問題は解決しない。「ガン村」の問題では、汚染物質を排出する企業に対しての罰則の規制など環境保護法の整備が求められるであろう。中国の環境保護法は、1989年に正式な法律として制定・公布されたが、その後の経済、社会の変化には適合されていない。ここにきてようやく改正の動きがみられるようになったが、立法計画では、引き続き研究を続けると位置づけており、改正にはなお時間を要するものと思われる。

　3つは、法を社会全体にどう機能させるかである。アレクサンドラ・ハーニー（2008）は、中国には「五つ星工場」の他に「陰の工場」*62があるのを突き止めた。外国企業と取引をするための表向きの「五つ星工場」は、外国企業の監査にも耐えうる法定基準を満たした、いわば、取引先にみせる工場である。しかし、それでは生産コストは引き下がらない。そこで誰にも知られない「陰の工場」をつくり、出稼ぎ労働者を雇い入れる。出稼ぎ労働者も、労働時間が長くても収入を増やしたいと思っているので、陰の工場は、究極の下請け工場として存在する。陰の工場では、労働契約法は役立たない。中国では、このような陰の工場を99％もっているという*63。いくら法が整備されても抜け道はあり、法をどう社会全体に機能させるかは、課題であるといえよう。

　しかし、法の独立、法の整備、法の機能が進んでも、そこにはなお限界がある。どんなに優れた法であっても、網の目をくぐるように抜け道はあるのだ。中国だけではなく、アメリカ、日本などの民主主義国家においても法の限界はある。共産党一党独裁の中国においては、その傾向が一層強いといえる。中国では、「上有政策、下有対策」という有名な言葉がある。元々は国に政策があれば、国の下にいる国民にはその政策に対応する策があるという意味だが、現在は政策の本意を故意に歪曲したり、法律の抜け道を探し出すという意味で使われている。

　このような背景の中で、法を補い、法と社会を繋ぐものは何か。それは、教育制度の充実であり、思想・言論の自由による情報通信の発展であると考える。そしてその基盤に、倫理、モラルの道徳があるのではなかろうか。それにより、

より豊かな社会が民によってつくられると考える。

　経済発展するなかで、企業、経営者らは自らの利益の最大化に邁進し、企業倫理、モラルや人間尊重を何処かに置き忘れてしまったかの様相を呈している中国において、こうした倫理、モラルを重視する動きが期待される。

5. おわりに

　本章では、歴史的文脈をふまえ時空間を超えて、英・日・中にまたがる労働事情の比較分析を行った。まず着目したのは、3つの世紀および国・地域にまたがる3つの工業化モデルである。その1つは18世紀後半から19世紀前半のイギリスの工業化、2つはそのほぼ1世紀後（19世紀末から20世紀前半）の日本の工業化、3つはさらにそのほぼ1世紀後（1978年の改革開放政策以降から21世紀初頭）の中国における急激な経済発展と本格的な工業化の進展である。そして、それぞれの工業化にみる労働環境の変容を対比した。

　その中で浮かび挙がってきたものは、イギリス・日本・中国の各国、各時代の工業化は、時代が進むにつれ、工場法、労働法の制定、教育制度の改革、情報通信の発展などによって、労働環境の改善が少しずつではあるが、進展したことである。

　イギリスでは、1833年の工場法の制定により、労働時間の規制と労働児童への初等教育への道が切り拓かれた。

　日本においては、義務教育制度の導入、1911年の工場法の制定などにより、職場環境や教育環境の整備に力を入れる企業も現れた。また、検閲はあったものの、手紙という情報通信手段は確保されていた。

　中国の工業化では、労働法が制定され、限られた中ではあるが中高等教育を受ける環境も広がった。そして、情報規制はあるものの、携帯電話やインターネットなど、いつでも社会と繋がる情報通信手段を手に入れた。いわば、人、時間、空間を自由に繋ぐ情報通信革命と重なったことは、イギリス、日本と異なる工業化の進行として注目される。

3つの各国、各時代の労働環境の変容を比較分析し、中国の歴史的位置を明確にしたうえで、中国の労働事情の現状と課題にメスを入れた。都市と農村の格差が深刻な中国社会では、農村から都市への出稼ぎ労働者に矛盾が集中的にみられる。経済優先の政策の中で、出稼ぎ労働者の労働環境は深刻な社会問題になっており、彼らの職業病や企業の水質汚染などによりがん患者が地域に広がった「ガン村」は、中国全土に100カ所を超えたという事実は衝撃的である。

　また、沿海都市部では、出稼ぎ労働者の不足と賃金上昇が顕著となっており、1995年の上海市の最低賃金（270元）と2013年の最低賃金（1,620元）を比較すると18年間に6倍も上昇している。

　このような出稼ぎ労働者らの実態を明らかにしたうえで、中国における労働法の変遷、労働法のもつ意義と限界に論及した。法の意義では、労働者からみた側面では、長期雇用（無固定期限労働）が担保されること、企業側からみた側面では、長期における人材育成、技術の継承、離職率の低下などが期待されるなどが挙げられる。

　一方、中国における法の限界としては、1つは国家の仕組みが三権分立ではないこと、2つは急激な社会・経済発展に適合した法整備がされていないこと、3つは社会全体に法を機能させるには課題が残ることなどが挙げられる。

　しかし、どのように優れた法と仕組みであっても、法の限界はある。それを補い社会を繋ぐものが、教育制度の充実であり、思想・言論の自由による情報通信の発展であると考える。そして、その基盤にあるのが、倫理（モラル、道徳などとも表される）ではないかと考える。より豊かな社会は、民（および倫理）によってつくられると考える。

　以上のように労働環境が大きく変容する中国において、日系企業は何を求められているのだろうか。現地経営の事例をもとにその課題について検証する。

注

*1 ウィキペディア（2014.12.19取得）によれば、工業化とは、農業中心の社会から工業中心の社会へと移り変わること。18世紀半ばのイギリスに端を発し、現在に至るまで続く、農耕社会から産業社会へと変化するプロセスである。一般的に定義すると、工業化は「農耕社会から産業社会、即ち農業を主体とする社会から工業主体の社会への転換」を意味するが、厳密な定義は困難であるとしている。

*2 ダニエル・ベルアメリカ合衆国の社会学者。
ダニエル・ベル著 内田忠夫他訳（1975）『脱工業化社会上』ダイヤモンド社。162頁-163, 172-173頁。

*3 前工業社会は、労働力は、圧倒的に、工業、漁業、林業、農業といった採取産業に従事している。生活は主として自然とのゲームである。人は生身の筋力を使って、先祖伝来の仕方で仕事をし、その世界観は、諸要因─四季、土壌の質、水の量─への依存で制約されている社会であるという。

*4 ダニエル・ベルは次のように述べている。「工業社会は、財貨生産社会である。つくられた自然とのゲームである。世界は、技術的になり合理化された。機械が支配し、生活のリズムは機械的なベースで進んでいる。時間は時を追って進み、秩序立っており、一定の間隔である。エネルギーが、生身の筋肉にとって代わり、生産性─より少ないものを用いてより多くのものを作る技術─の基礎となる動力を提供し、工業社会の特徴である財貨の大量生産を引き受けている。
エネルギーと機械は仕事の性質を変える。技能は、より簡単な構成部分に分解され、過去の職人は、2つの新しい職種─仕事の計画と実施を担当する技術者と、機械の歯車になった半熟練─によってとって代わられる。それも、技術者にとって代わるものである。それは、人間と物質と市場が、財貨の生産と分配のために緊密に組み合わされている整合の世界である」。

*5 脱工業社会はサービスに基礎を置いている。それは人と人とのゲームであり、重要なのは、生身の筋力でもエネルギーでもなく、情報である。その中心をなす人間は専門職であるという。

*6 産業革命期の高額所得者（1898年現在）リストによると、渋沢栄一は、18位。29の会社役員を兼任している。阿部編（2010）『講座 日本経営史第2巻 産業革命と企業経営』ミネルヴァ書房、28頁。

*7 十名直喜（2009）「中国産業革命と人間発達の経済学」『経済科学通信』NO.120。

*8 阿部編（2010）、前掲書、1頁。

*9 エンゲルス（1960）『イギリスにおける労働階級の状態』新潮社 165頁。

*10 エンゲルス（1960）、前掲書、130-131 209頁。

*11 従業員の安全に関する法的措置は1802年のイギリスの工場法制定に始まるが、実質的内容を備えたのが第5次改定（1833年）である。

*12 カール・マルクス（2010）『資本論 第一巻（上）』筑摩書房 408-409頁。

*13 カール・マルクス（2010）、前掲書、443-444頁。

*14 日本で工業化が開始したのは、一般的には、本格的な経済発展を推進していくための制度が整えられた後の1880年代後半と考えられている。太田他著（2006）『日本経済の二千年 改定版』勁草書房、199頁。

*15 阿部編（2010）、前掲書、27頁。

*16 細井和喜蔵（2009）『女工哀史』岩波書店。

*17 工場法の公布までには、実に30年という年月を要している。

*18 細井和喜蔵（2009）、前掲書、岩波書店、71頁。

*19 下川進（2010）「明治・大正期の日本紡績企業による労働者の生活過程管理」日本経営学会誌。

*20 下川進（2010）前掲書。

*21 日本的経営の「三種の神器」といわれる長期雇用、年功賃金は、この頃（19世紀末から20世紀初め）にかけての産業発展の過程において、繊維産業等を中心に労働力不足とそれを補うための高い採用コストに企業が悩まされた結果として、企業側が従業員の定着を図るために採用されたとする説がある。当時、欧米諸国に遅れて産業化が始まった日本では、企業が新技術への迅速なキャッチアップを図る必要があったため、企業が技能をもった労働者の育成を自ら社内で図らざるを得なくなったことが、終身

制や年功制定着の背景にあるとの説もある。内閣府（平成18年度「成長条件が復元し、新たな成長を目指す日本経済」『年次経済財政報告』（経済財政政策担当大臣報告）（2014.12.19取得）。（http://www5.cao.go.jp/j-j/wp/wp-je06/06-00202.html）。

- *22 細井和喜蔵（2009）、前掲書、岩波書店 290-291頁。
- *23 細井和喜蔵（2009）、前掲書、308頁。
- *24 下川進（2010）、前掲書。
- *25 農業生産請負制とは、農家が個別に農業生産、農業経営に責任を与えられ、請負生産量を満たした後の残りの生産量については、自らのものとし、自由市場等へもっていき販売できるという仕組み。
- *26 中国では、出稼ぎ労働者のことを「農民工」と呼ぶ。以下、「出稼ぎ労働者」で統一する。
- *27 レスリー・T・チャン（2010）『現代中国女工哀史』白水社。
- *28 エンゲルス（1980）『イギリスにおける労働階級の状態』新潮社、カール・マルクス（2010）『資本論第一巻（上）』筑摩書房、細井和喜蔵（2009）『女工哀史』岩波書店、レスリー・T・チャン（2010）『現代中国女工哀史』白水社、アレクサンドラ・ハーニー（2008）『中国絶望工場』日経BP社。
- *29 アマルティア・セン：Amartya Sen（1933年11月3日-）インド・ベンガル生。インドの経済学者。アジア初のノーベル経済学賞1998年受賞。
- *30 アマルティア・セン（2008）『貧困の克服』集英社、26頁。
- *31 アマルティア・セン（2008）、前掲書、29-36頁。
- *32 北海道大学東アジアメディア研究センター渡辺浩平編（2011）『中国ネット最前線「情報統制」と「民主化」』蒼蒼社、224-225頁。
- *33 中国互聯網絡信息中心（CNNIC）「27次中国互聯網絡発展状況統計報告」（http://www.cnnic.net.cn）（http://www.cnnic.cn/research/bgxz/tjbg/201101/P020110221534255749405.pdf#search='%EF%BC%92%EF%BC%97%E6%AC%A1+%E4%B8%AD%E5%9B%BD%E4%BA%92%E8%81%94%E7%BD%91%E7%BB%9C%E5%8F%91%E5%B1%95%E7%8A%B6%E5%86%B5%E7%BB%9F%E8%AE%A1%E6%8A%A5%E5%91%8A'）（2011.120取得）。
- *34 三農は、農業、農村、農民の3つを指している。三農問題とは、農業の低生産性、農村の疲弊、農民の所得低迷であり、「全面的小康社会」建設のために、三農問題の解決が重要課題とされている。
- *35 庵原孝文（2010）『日本企業の中国巨大市場への展開』名古屋学院大学院経済経営研究科、201頁。
- *36 ジニ係数とは1936年にイタリアの統計学者コッラド・ジニによって考案されたもので、主として社会における所得分配の不平等さを測る指標である。ジニ係数は0から1の範囲で示され、数値が1に近づく程、所得格差が大きいということを意味する。一般的に、0.4は社会騒乱が起きる警戒ラインと認識されている。
- *37 中国国家統計局および富士通総研「中国の所得格差拡大とジニ係数」（2013.2.8取得）。（http://jp.fujitsu.com/group/fri/report/china-research/topics/2013/no-164.html）。ジェトロ通商弘報（2014.1.24）。
- *38 矢吹晋（2010）『中国力』蒼蒼社、94頁。
- *39 柯隆（2009）「中国経済分析の視座―インフレと雇用の政策的意味―」NO.342 富士通総研。
- *40 阿古智子（2009）『貧者を喰らう国―中国格差社会からの警告』新潮社、104-105頁。
- *41 中国人的資源社会保障部（2014.2.8取得）（http://www.mohrss.gov.cn/SYrlzyhshbzb/zwgk/szrs/）。
独立行政法人労働政策研究・研修機構（2014.2.8取得）。（http://www.jil.go.jp/foreign/jihou/2013_7/china_02.htm）。
- *42 戴秋娟（2009）『中国の労働事情』生産性労働情報センター、22頁。
- *43 厳善平（2009）『農村から都市へ』岩波書店、106頁。
- *44 厳善平（2009）、前掲書、118頁。
- *45 アレクサンドラ・ハーニー（2008）『中国絶望工場』日経BP社。
- *46 アレクサンドラ・ハーニー（2008）、前掲書、96-105頁。
- *47 アレクサンドラ・ハーニー（2008）、前掲書、108-111頁。

- *48 川名英之（2011）『世界の環境問題―第7巻 中国』緑風出版、321頁。
- *49 福島香織（2013）『中国絶望工場の若者たち』PHP研究所、71頁。
- *50 福島香織（2013）、前掲書、72頁。
- *51 福島香織（2010）『中国ストライキは、「一人っ子」「甘えっ子」の乱』文芸春秋。
- *52 80后とは、1980年代に生まれた世代。90后とは、1990年代に生れた若者世代を指す。
- *53 福島香織（2010）、前掲書。
- *54 福島香織（2010）前掲書。
- *55 2015年10月29日に閉幕した中国共産党第18期中央委員会第5回全体会議（五中全会）により、「一人っ子」政策の廃止が決定された。「1組の夫婦が2人の子供を産む政策を全面的に実施し、人口高齢化への対策を進める」とし、2016年1月1日から施行した。
- *56 厳善平（2009）『農村から都市へ』岩波書店143頁。
- *57 厳善平（2009）、前掲書、144頁。
- *58 三菱東京UFJ銀行国際業務部「中国主要都市最低賃金推移2013」（2013.8現在）三菱東京UFJ銀行およびデータブック国際労働比較（2014.2.9取得）。(http://www.komazawa-u.ac.jp/~kobamasa/lecture/japaneco/differential/minimum_wage_intl2007_2012.pdf#search='%E4%B8%AD%E5%9B%BD%E6%9C%80%E4%BD%8E%E8%B3%83%E9%87%91%E6%8E%A8%E7%A7%BB')
- *59 2012年11月の中国共産党18回党大会では、2020年までに1人当たりの収入に対して2010年比倍増を目標に掲げている。
- *60 射手矢好雄（2010）「中国法の最新情報（上）」商事法務 No.1902。
- *61 射手矢好雄（2010）、前掲書。
- *62 アレクサンドラ・ハーニー（2008）前掲書、81-82頁。
- *63 アレクサンドラ・ハーニー（2008）前掲書、80頁。

第5章

日系企業にみる中国現地経営の現状と課題

自動車部品メーカーの調査をふまえて

1. はじめに

　中国上海の日系コンサルティング会社に筆者が勤務したのは、2002年から2006年にかけての3年半のことである。当時、所属していた人事・総務部において、経営課題としてよく挙がっていたのは、次のような点である。
　現地中国人社員の能力、質、意識を高めるという人材育成を、如何に推し進めるべきか。現地の幹部社員を、どのようにして育成し定着させるか。こうした課題は、中国に進出している多くの日系企業に共通する悩みでもあった。
　日本能率協会グループ(2009)が、上海にある日系企業の経営者に経営上の課題についてアンケートを行ったところ、80％の会社が「優秀な人材の採用・定着」を第1に挙げた。2番目は、「現地幹部の登用・育成」で70％の企業が課題として挙げている[*1]。
　第1の「優秀な人材の採用・定着」は、筆者も駐在中に直面した課題であった。人が定着しないのである。優秀な人材は、2年～3年で、他の日系企業や欧米系企業などにヘッドハンティングされるか、自ら転職していくことが多く、人材の定着(とりわけ、ホワイトカラー)は、多くの日系企業が抱える大きな課題の1つであると考えられる。
　他方、日本貿易振興機構他(2011)の調査報告では、中国に進出している日系企業の経営上の問題として、「従業員の賃金上昇」「調達コストの上昇」「現地人材の能力・意識の低さ」「競合相手の台頭」「従業員の質の低さ」が多くの企業から指摘されている[*2]。
　これら日系企業の現地経営の課題は、企業の中国進出が活発であった1990年以降からあまり変化がみられない。中国の経済、社会構造が大きく変化するなかで、それらに如何に対応していくかが、日系企業に問われている。
　本章では、これまでの日系企業の現地経営課題について先行研究を通して検討し残された課題を考察する。そのうえで、中国の日系企業の現地調査をふまえ日系企業の人的資源とくに労務管理にみる現状と課題を分析する。とりわけ、中国労働事情の変化に対応すべく、労働倫理をふまえ人間尊重を軸にした取組みに注目する。

2. 先行研究にみる中国現地経営の課題

中国日系企業の現地経営の課題については、これまでにも多くの研究者が究明している。それらの先行研究を、現地経営のあり方（経営理念の位置づけなど）や人づくりの視点からサーベイし、残された課題を考察する。

2.1 1990年代後半の先行研究にみる課題

まずは、1990年代後半に出版されている先行研究を検討する。

市村（1998）[*3]は、中国に進出した日本企業ないし日系合弁企業が現地で実施している「日本的経営」が有効に機能しているかどうかについて、上海・北京・大連で3年（1994年～1997年）かけて、研究調査を行った。日本の進出企業は中国で受容されているのか、日本的経営は通用するのかを、日本人上級管理者と中国人ミドルの双方へ質問票で調査し、その結果を分析している。

調査結果として、中国に進出した日本企業の経営は、日本人上級管理者、中国人中間管理職の双方の反応から、全体として受容性が高いことを結論づけている。一方で、「経営理念や経営目的」に対する中国人管理職の受容度が低いことを示している。

現地のアンケートやインタビューに依拠していることは、客観性に課題が残るとみられるが、経営慣行の認識に大きなギャップがあることを明らかにした点が評価される。

しかし、日本的経営の強みとして経営理念をどう捉えるか、どう浸透させるか、一歩踏み込んだところにまでは及んでいない。

2.2 2000年～2010年までの先行研究にみる課題

次に、2000年～2010年までに出版された先行研究を考察したい。

関満博（2003）[*4]は、日本企業の中国事業展開に関わる現地化の問題を、経営戦略、生産・調達、研究開発の現地化、および「ヒト」の現地化と人材戦

略などの側面から分析し、今後の展望を提示している。とりわけ、「ヒト」の現地化と人材戦略においては、中国を舞台とするグローバル人材競争が激しくなるなか、欧米企業は、優秀な頭脳（博士・修士）を大量確保しているが、日本企業はこうした変化に対応できずにいることを指摘し、日本企業の戦略的人材マネジメントの構築を提言している。

その展開のなかで、日本企業のホワイトカラーのマネジメントノウハウが少ないことや、日本企業の本社依存などの現地化の課題について、鋭く分析している点で評価できる。欧米企業のトータル的人材戦略などを事例に、日本企業の戦略的人材マネジメントの具体的な施策を挙げているが、「権限賦与と責任の明確化」「公正かつ透明な評価制度」などを述べるに留まっている。

古田秋太郎（2004）[*5]は、現地でのアンケート調査、現地インタビューを通じて、日本企業の新しい中国事業戦略展開の中での在中日系企業における経営改革の現状を分析している。古田は、その方向性は、経営現地化、ヒトの現地化であるとしている。そして、中国事業成功のカギとなるのは、自主的現地経営を基礎とする現地人への責任・権限の委譲であるとし、経営現地化政策の提言をした点で評価できる。中国現地法人の発展段階を「守」「破」「離」の3段階に分け、各段階の特徴を捉えている。

古田は、経営理念の浸透は、「守」の段階であるとしている。しかし、持続的経営のなかでの経営理念の浸透は、「守」「破」「離」の各段階でも必要なものである。それゆえ、経営理念の浸透が発展段階でどのような影響があるかの分析が必要とみられるが、曖昧なままである。

五味（2005）[*6]は、日本企業として存在感が増すのは、日本的経営の良さを追求し、改良を加えつつ進化させ、オリジナリティを出す工夫を凝らしていくことだとしている。日本型経営システムを強化すべき条件や方法は何かを考え、その事例として、蘇州に進出した日系企業の9年間の取り組みを追跡している。

五味は、中国における日系企業がオリジナリティを意識する1つの方策として、「経営理念」の浸透を挙げている。そして、日系企業は、経営理念を浸透させているといえる状態でないことを示している。しかし、経営理念の浸透が現地経営、人の現地化にどのよう点が有効なのかにまでは、研究が及んでい

ない。

　庵原（2009）は、中国巨大市場への日本企業の展開について、24年間の企業進出支援の経験をもとに「経済政策」「市場」「企業経営」の3つアプローチにより立体的に分析し展望している。中国巨大市場を見据えた日本企業の現地展開の視点から多角的な分析がなされた企業経営論として評価される。

　とくに、人材の現地化・経営の現地化にあたっては、ガバナンス体制の強化の重要性を指摘し、具体的な体制づくりを明示するなど経営戦略を述べている点は、これまでにない先行研究の視点である。

　しかし、中国の新たな経済社会・労働事情の変化に対する経営戦略の支柱となる理念、価値の共有の重要性にまでは言及していない。

2.3　2011年以降の先行研究にみる課題

　さらに、2011年以降に出版された先行研究を分析する。

　田園（2011）[*7]は、人的資源の一環である企業内教育訓練を中心とする人材育成の国際移転という視点から、ホワイトカラー層を対象に理論的展開と事例研究を行っている。事例には、トヨタを採り上げ、日系企業の中国現地教育を現場調査し、本社と現地との人材教育の比較視点から、日系企業の中国現地での人材育成のあり方を論じている点が評価できる。

　しかし、グローバル人材教育には、経営理念の明文化、経営戦略・方針、人材育成理念を現地に伝達することが重要であると述べるに留まっている。

　程（2011）は、中国における日系メーカーのニューリーダーシップ論について、日本的「技」、欧米的「才」、中国的「徳」の三位一体を備えたニューリーダー育成論を提言している。

　中国人としてミクロな視点から、自らの業務体験をベースに、日系メーカーの経営者のあるべき姿を展開させ、特に、企業倫理と経営理念に基づく「者づくり」、徳、才兼備型の指針による「者づくり」への提言は、日本企業はもとより中国企業に対しても深い示唆を与えている。

　しかし、中国人としての日本メーカーに対してのあるべき論であり、現実的な日本企業の取り組み事例調査は一部に留まっており、その実践と普及に伴う

多くの課題解決についての論述には限界がみられる。

以上、中国現地経営の先行研究では、中国現地経営において、経営の戦略の現地化、生産体制の現地化、人の現地化など、多角視点での経営の現地化が検証、提言されてきた。しかし、部分的な研究に留まっているところも少なくなく、とりわけ、経営の根幹となる価値共有のプロセスに着目し、経営理念に基づく現地経営のあり方を展開する研究が見当たらない。

急速な経済発展によって生じた多くの経済社会問題とその変化を捉えるのは容易ではない。先行研究で残された研究課題は解決すべき課題として位置づける。

3. 日系企業の工場経営にみる労働倫理の課題

前述の先行研究で残された課題をふまえたうえで、中国日系企業の自動車部品メーカーの調査により、日系企業の人的資源とりわけ労務管理にみる現状と課題を分析する。

日系企業にみる中国現地経営の課題を分析するにあたり、まずは、中国における日系企業の動向について考察する。

3.1 中国日系企業にみる進出の推移

中国に進出している外資系企業の総数は、2012年現在、291,960社である。うち日本企業は、23,094社と、全体の7.9％のシェアを占めている[*8]。日本企業の進出は、1998年と2012年の14年間におよそ1.59倍の8,599社増加している。(図表5-1)

中国における進出外資企業の業種の内訳をみると、製造業が全体の41％、非製造業が59％であったのに対し、日本の対中直接投資・業種別は、製造業が67.3％、非製造業が32.7％を占めている。世界の工場から世界の市場へと非製造業である3次産業進出のウエートが高まってきているものの、その中

図表5-1 外資系企業数-総数および日本企業の進出状況の推移

年	外資総数（社）	日本（社）	シェア
1998	227,807	14,495	6.40%
1999	212,436	13,899	6.50%
2000	203,208	14,282	7.00%
2001	202,306	15,164	7.50%
2002	208,056	16,236	7.80%
2003	226,373	18,136	8.00%
2004	242,284	19,779	8.20%
2005	260,000	21,586	8.30%
2006	274,863	22,650	8.20%
2007	286,232	23,035	8.00%
2008	434,937	25,796	5.90%
2009	283,734	22,263	7.80%
2010	288,088	22,307	7.70%
2011	288,856	22,790	7.90%
2012	291,960	23,094	7.90%

出所：『中国貿易外経統計年鑑（2013）』および『中国データ・ファイル2013年版』を参考にして作成

においても、日本の対中直接投資は、依然製造業が圧倒的に多いことがわかる。（図表5-2・図表5-3）

3.2 日系自動車部品メーカーの概要

　中国における日系企業の進出状況は前述のとおりであるが、では、中国現地での日系企業の実際の経営状況はどのようになっているのか、製造業である自動車部品メーカーを取材調査した。その実態調査からみえる日系企業の課題と今後の展開を考察する。

　訪問したのは、中国天津にあるトヨタグループ系の自動車部品メーカー「松尾（天津）電子有限公司」である。企業調査実施日は、2011年4月26日、名古屋学院大学院教授の十名直喜先生、程永帥氏と筆者の3人で訪問した。当日は、北京より天津まで新幹線で移動した。所要時間は、30分である。天津駅より、タクシーに乗り、2時間をかけて、当社のある天津西青経済開発区へ到着した。

図表5-2
中国における外資企業の製造業と
非製造業の割合（2011）

業種	企業数（社）
製造業	181,017
非製造業	265,470
農・林・牧・漁業	6,993
採掘業	991
電力・ガス・水	3,920
建築業	4,812
運輸・倉庫・通信業	10,494
情報通信・コンピューターソフト業	57,836
卸売・小売業	73,163
ホテル・レストラン	17,481
金融業	6,442
不動産業	17,826
リース・ビジネスサービス	37,491
科学研究技術サービス・地質探査業	16,212
水利・環境・公共施設管理業	1,021
社会サービス	5,001
教育	318
衛生・社会保障・福利事業	229
文化体育・娯楽業	2,276
その他	2,964

出所：『中国対外経済統計年鑑（2013）』より作成

図表5-3
日本の対中直接投資における製造業と
非製造業の割合（2010-2012）

製造業	食料品	1.8
	繊維	2.6
	木材・パルプ	3.2
	科学	7.3
	鉄・非鉄	8.1
	機械	13.5
	電気	8.2
	輸送機器	15.8
	その他	6.8
	合計	67.3
非製造業	農・林業	0
	魚・水産業	0
	鉱業	0
	建設業	0.2
	商業	14.7
	金融・保険	6.9
	サービス業	2.8
	運輸業	0.8
	不動産業	6.6
	その他	0.7
	合計	37.2

出所：薮内正樹編（2014）『ビジネスのための
中国経済論』日本貿易振興機構より作成

製造業 41%
非製造業 59%

当日、松尾（天津）電子有限公司総経理のN氏と中国人の管理部部長のI氏と面談した。まずは、I氏にインタビューを1時間ほどし、工場見学、その後、N氏へインタビューを30分ほど行った。株式会社松尾製作所と松尾（天津）電子有限公司の概要については、I氏より、堪能な日本語で説明を受けた。

▶1 ── 株式会社松尾製作所の概要

松尾（天津）電子有限公司の親会社である株式会社松尾製作所の概要は次のとおりである。株式会社松尾製作所は、愛知県大府市にある。創業は、1948年だが、株式会社松尾製作所として発足したのは1959年で、線バネの専門メーカーとして発足した。資本金は1億円の中小企業である。生産品は、精密線バネ製品、精密板台製品（プレス品）、温度センサー、バイメタル、組み付け製品と樹脂製品を製造している。樹脂成型は付加価値が高く、1980年代に入りプレスから樹脂成型まで製造することになった。樹脂成型は、プレスで製造した金具を金型に挿入して成型するため自動化されにくく、ハンドワーク的なところが発生し、そのため付加価値が高い。樹脂成型はプレスに比べ、設計の難易度も高く、オリジナル性を発揮している。

生産技術も1980年代から設備の開発、金型の開発を行い、1990年代には、社内で開発部門を設立した。それまでは、対応図メーカーであり、取引先から図面をもらっての生産だったが、90年代からは、取引先と一緒に共同開発に取り組んでいる。開発思想を積極的に取引先に提案し受注チャンスを増やしている。売上は、186億円（2009年度）。製品別比率では、プレス製品は35％、樹脂成型製品は27％、合わせて6割以上になる。得意先はデンソーグループ、愛三精機、愛三工業など。近年は、トヨタ自動車へ直で納入する製品も増えており、その割合は2割程度である。本社組織は、従業員数280名（2010年4月1日現在）人員構成は、製造部門77％、管理部門が23％である。正社員は6割、派遣、パートが4割の構成となっている。

海外拠点は、3カ所。中国の松尾（天津）電子有限公司に加えて、1995年アメリカ事務所、2001年ベトナム事務所を設立している。

株式会社松尾製作所の経営理念[*9]は、図表5-4の通りである。会社だけでなく個人生活においても、「可能性の追求」、「改善の追求」、「進歩の追求」を

求めていることが特徴といえよう。

図表5-4 松尾製作所の経営理念

人生には、満足の境地はない。
私共は、会社と個人生活にP・B・Pを追求します。

Possibility　可能性の追求
　　　　　　　いかなる人も自己実現のための可能性をもっている
Betterment　改善の追求
　　　　　　　日々怠ることなく前向きの努力を継続しなければならない
Progress　　進歩の追求
　　　　　　　昨日よりも今日、今日よりも明日と進歩しなければならない

出所：松尾製作所ホームページより筆者作成

▶2 ── 松尾（天津）電子有限公司の概要

　松尾（天津）電子有限公司の設立は、2005年5月で、設立当初は、天津市内で事務所を借りて活動していた。自前の工場ができ上がり、生産を開始したのが2006年7月である。資本金は、400万米ドル。本社の100％独資での設立。樹脂製造からスタートであった。設立の経緯は、ユーザーから中国で工場を設立して欲しいという要望に応えての進出であった。

　生産品目は、樹脂成型からスタートした。この理由は、ユーザーからの注文がまず樹脂成型だったことにある。樹脂製品の製造は、難易度が高く当初は苦労したという。

　事業内容は、樹脂インサート工程と後工程、組付け工程だったが、2011年年初にプレス機と線バネを製造する機械を購入し、プレス品、線バネも製造できるようになった。

　工場は、天津西青経済開発区にあり、土地面積は14,000㎡、建物は11,000㎡。第1工場は2階建て、1階は工場、2階に食堂とロッカールームが配置されている。第2工場は1階のみである。

松尾(天津)電子有限公司には、独自の経営理念はない。しかし、「経営基本方針」が、掲げられていた(図表5-5)。要約すると、「中国において、顧客の満足する製品を努力して生産すること。会社の発展のために、互いに信頼、助け合うこと。会社一丸となること」である。

本社の経営理念では、会社と個人生活に、「可能性の追求」、「改善の追求」、「進歩の追求」を求めていることが特徴として表れていたが、中国現地法人では、まず品質管理を向上させ、顧客の信用を得ることを主要目的としていることが伺える。

図表5-5 松尾(天津)電子有限公司の経営方針・本年度会社方針

経営基本方針 ・在中国、努力生産出譲客戸満意的産品、 　把公司発展成為互相信頼、 　互相関懐、与当地 ・融為一体的公司 本年度会社方針 ・争取確立量産体制基礎 ・迅速完成、必須完成、出色完成	《経営基本方針》 中国において、顧客の満足する製品を努力して生産しましょう 会社の発展のために、当地で互いに信頼、助け合いましょう 会社一丸となりましょう 《本年度会社方針》 量産体制の基礎の確立に努力します 迅速で、きちんと、丁寧に完成させます

出所:左記の《経営基本方針》・《本年度会社方針》をもとにして、筆者翻訳

3.3 中国現地法人の労務管理面にみる現状と課題

▶1── 社員の構成状況と定着率

各部の部長はⅠ氏を除いて、日本からの出向者である。営業部は、本社から海外担当の営業マンの出張支援で行っている。出張支援は、ユーザーがすべて日系企業のため、日本人で対応している。逆に中国人が営業に出向くことでユーザーに、「重要視されていない」と誤解され、不快感を示されることもある

ため、あえて日本人営業マンが対応しているという。

　天津では、日系企業の多くが日系企業を対象に営業を行い、仕入れ先も日系企業を使う傾向が2010年まであった。2011年に入り、トヨタグループの方針で、現地調達の要請が高まり、次第にその傾向は変化しつつある。

　社員構成は、2011年4月現在、管理部門45名（うち、9割以上が地元スタッフ。日本からの出向者は5名）、現場の製造部門250名（うち、6割が人材派遣会社からの派遣労働者であり、地方からの出稼ぎ労働者）、合計295名である。製造部門で働く女性労働者は、人材派遣会社が準備した寮で生活し、男性労働者はアパート等を借りて生活している。出身は、主に河南省、山東省、遼寧省などが多い。派遣労働者は、離職率が高く、長く勤務しても2年～3年である。出稼ぎをして、お金が貯まれば、故郷に帰るパターンである。出稼ぎ労働者の平均年齢は20代前半である。離職率も高いため、工場としては作業を細分化して、誰でもすぐ対応できるような仕組みづくりによって、標準化している。

　反面、管理部門の社員の離職率は低い。現場のコアとなる班長、組長もやめることは少ない。管理部門社員は大卒が半分で、最近は大卒者のみの採用である。

　管理部門社員は、設立当初7名からスタートしたが、そのうちの6名（男性社員1名、女性社員5名）は現在（2011年4月現在）も在職中である。女性社員は、共働きで働いている人が多い。

　管理部門の給与は、製造部門に比べ1割～2割程度高い。管理部門の社員は、地元出身で生活が安定しているため、定着率が高く、その意味で、管理部門社員を採用する場合は、なるべく地元優先で採用している。係長になると一般社員の2倍の給与になるという。

▶2 ── 福利厚生の充実による対応

［勤務時間と食事手当］

　当社の勤務時間は、8:30～17:00（残業20:30まで）、10:30～10:37（休憩）、12:00～12:30（昼食）、15:00～15:07（休憩）、昼夜2交代　夜20:30～午前6:00（残業して8:30まで）1週間勤務し、2日間休み交代する体制を

とっている。

　福利厚生の食事手当として、弁当代（昼食）一人9元を会社が負担している。中国の場合、企業は従業員に昼食を提供している。会社における職位にかかわらず全員に支給され、食事手当の格差はほとんどない[*10]。

　筆者が勤務していた職場においても、日本人駐在員に対しては、食事手当がなかったが、給与の高い低いにかかわらず中国人スタッフ全てに食事手当を毎日10元支給していた。

　中国には「民以食為天（民は食をもって天と為す）」という言葉がある。民衆は食べることがすべてに優先し、食べられるかどうかでいい世かどうか判断するのである。これは、長い歴史の中で起こった戦争、動乱、天災、飢餓に苦しめられた庶民の防衛反応の表れと言われている。よって現在においても職場で食事を提供することは、その職場が安心して働けるかどうかの社員の判断基準になっている。

［社員旅行］

　社員の慰労を目的に社員旅行を行っている。社員旅行は、毎年秋に日帰りで派遣労働者も含めて2～3台のバスをチャーターして行う。2009年は、北京の頤和園、2010年は万里の長城と北京野生動物園であった。現在の日本では、社内旅行は敬遠されがちであるが、中国人社員は、社員旅行を楽しみにしている。

　社員旅行は、筆者が勤務していた会社（上海）でも毎年実施しており、主に慰労が目的であった。会社が1人あたり2,000元を負担し、中国人、日本人関係なく、休日を利用して一泊二日、もしくは二泊三日で、上海から青島、大連など、中国の観光地を旅行した。多くの中国人スタッフは、自分の住む都市から出たことがなく、会社の費用負担で、観光地を旅行できることを楽しみにしており、不参加の社員はいなかったことを記憶している。

　福利厚生制度に関しては、欧米企業、中国企業など社員のリテンションを高め、賃金相場の急上昇を抑えるという考え方から、食事手当、社員旅行の他、住宅補助金制度、医療補助金制度など他社との差別化を図るさまざまな福利厚生制度を導入しているところが増加してきている。

▶3 ── 職場におけるコミュニケーションの状況

当社において、製造部門では、毎朝、班毎に出欠確認と連絡事項を伝える朝礼を行っている。管理部門の総務課、生産技術課は朝礼を行っていない。生産管理課と品質管理課は、朝礼を行っている。朝礼の内容は、本日行う仕事内容を全員の前で発表する。その後、上司がコメントをする。朝礼時間は、10分～15分。

月1回は、製造部門の組長以上のレベルと管理部門のスタッフを2階の研修室に集めて全体朝礼を行う。内容は、総経理および各部署が、今月の仕事の重点項目や連絡事項を報告する。総経理が話す時は、総務課長が通訳をする。

朝礼では、経営理念（図表5-5）などを唱えることはしていない。「中国でははやらない」とⅠ氏はいう。工場内には、「経営基本方針」と「本年度の会社方針」が飾られていたが、それを唱和するなどのことはしていないということであった。

しかし、総経理は、経営理念、経営方針を浸透させることは必要と感じており、今後、現地のスタッフにも判り易い言葉で理解してもらえるようにしていきたいと述べていた。

朝礼は、筆者の勤務していた会社では、毎週月曜日に、日本人の社長が前に立ち、中国語で会社の1週間の出来事や今後の指針、仕事に対する心構えなどを話していた。その後、経営理念を唱和した。経営理念は、経営者は重きを置いていたが、中国人スタッフはあまり関心がないようであった。中国人スタッフ同士では、「没意思（意味がない）」とよく洩らしていたのを耳にした。社長の手前口を動かしているのが現状であった。経営理念の考えを社員に理解浸透させるには、根気と一工夫が必要と考える。

▶4 ── 中国人中間管理職のリーダーシップ力

中国人中間管理職は、他部門に対して、助けを求めるのが苦手であるという。助けを求めるのは、自分が弱く、知識不足を認めることであり、またそう思われるのを嫌うようだ。中国人中間管理職は、問題が起きたら、上司に報告するだけである。その報告も、問題を上司に丸投げすることが多い。「こんな問題がありました。できません。どうしましょう？」。上司が「○○したら、いいのじゃない

ですか」「はい、わかりました」と、言われるままに行動するだけで、自分で考えようとしない、チームワークで知恵を絞ることをしないのが一般的である。

当社においても、このため日本人駐在員は、仕事が前に進まないからという理由で、日本人の各部長クラス同士で相談し、自らが問題解決のため手足を動かしている。中国人中間管理職がリーダーシップを発揮して仕事をするというよりは、日本人の部長が考え、中国人中間管理職をはじめ他の中国人スタッフは、言われたとおりに動いていることが多く、問題解決は、日本人の出向者任せになっている。中国人中間管理職は、自分たちで考えようとしない。責任をとりたくないと考えているようだ。「どのようにしたら、彼らが自発性をもって考え仕事をするか」「どのようにして彼らのやる気を引き出すか」の教育が課題であると語っていた。この問題は、多くの日系企業でも共通した課題である。

また、日本企業の場合、チームで「報連相（報告・連絡・相談）」をしながら自発的に業務を遂行することが、先ず新入社員研修などで教育され当たり前の文化とされている。しかしこれは、日本独特の企業文化であり、中国では、誰かに報告、連絡、相談する習慣がない。

筆者が上海で仕事をしていた時も、同じ部署内で報告、連絡、相談をしてチームで協力をして仕事をすることに慣れていないようであった。中国人スタッフは自分の仕事を誰かと共有するということは、自分の仕事を取られてしまうと思うようなところがあり、仕事を抱え込む傾向がある。ひとこと声をかければ、同じ情報を共有して、時間短縮が図れることを個別に行っているため、時間もかかり、効率性が悪く、仕上がりも統一感がないことが多くみられた。

3.4 人間重視の工場経営

▶1──「単能工」から「多能工」へ

後藤（2005）は、日本の生産現場と中国の生産現場の人材を「多能工」「単能工」で比較している。「1日に何品種もの製品組み立てをこなす多品種少量生産をできる多能工は、単純な作業を繰り返すだけの中国の単能工の20倍の付加価値を生み出せる可能性がある」[*11]と、多能工化が生産現場を強固なものにすると後藤は述べている。

中国に進出している日系企業の工場においても多能工化が求められると考える。多能工化により、ベテラン工の雇用の安定を図り、技能を高めるというインセンティブをもたせることである。

　松尾（天津）電子有限公司の本社である株式会社松尾製作所で製造している樹脂成型は、自動化されにくいところが多く、ハンドワーク的なところが発生し、オリジナル性があり、付加価値も高い成型品を製造している。

　子会社である天津工場においても、本社同様に付加価値の高い製品が現地経営に求められる。すでに、現地では、技術を要する加工については、試験資格制度を設け、待遇に差をつけているということだ。

　今までのような「単能工」から、付加価値の高い「多能工」への移行は、インセンティブをつけることで労働者のモチベーションをアップさせ、長期雇用へつながると考える。その結果、技術力は磨かれ、強いては、質の高い技能工を多く確保することで安定した経営が期待できる。

　そして、何よりも、単純作業からの脱却は、労働者に主体的に考える機会を与え、潜在能力を引き出す人間重視の工場経営になると考える。しかし、一方で、重い責任がのしかかり、心理的、肉体的負荷を与えかねない。そのバランスが求められる。

▶2 ── 人材教育と労働モラル

　日本の大企業は、中国においても教育が比較的充実しているが、中小の日系企業は、従業員に対する教育投資が少なく、なかには全く投資していない企業もある[*12]。経営理念の浸透は、企業規模の大小にかかわらず、企業がどうありたいのか、どのような方向に進んでいくのかを示すものである。経営理念は、企業のモラル、従業員のモラルに大きな影響を与えるため、現地経営にとって欠かせないものであると考える。

　同時に、現地の従業員だけでなく、日本人出向者による赴任前のマネジメント研修が必要であると考える。

　筆者も中国上海での駐在経験があるが、マネジメントスキルを学んだわけでもなく、いきなり、中国社員のマネジメントを任された。その結果、赴任当初は現地社員との軋轢も生じた。中国人スタッフの特徴を知り、コミュニケーション

スキルやマネジメントスキルを学び、赴任前に教育を受けていれば、現地職員とのコミュニケーションももっとスムーズに展開できたと感じる。

　日本人出向者に対して、事前にマネジメント育成を実施し、スキルを高めることも重要である。これら取り組みの成果や波及効果として、とくに中国人中間管理職の人材育成にも大きく貢献すると考える。

　以上、中国現地にみる日系自動車部品メーカーの調査をふまえ、日系企業の人的資源とりわけ労務管理にみる現状と課題を明らかにした。日系企業にみる工場経営は、社員の処遇改善など細かいところまでフォローし、社員のやる気を引き出そうとする人間重視の工場経営であり、人間尊重のアプローチであると考える。その人間尊重アプローチにより、品質管理、生産性の向上につなげようとする努力がなされている。

　人間尊重を軸にした工場経営は、まさに日本企業の強みとして捉えることができよう。残された基本的課題としては、中国人中間管理職をはじめ社員一人ひとりの自発性・やる気を如何に引き出すかである。

4. 日中における企業倫理の原点と課題

　中国進出の日系企業の実態調査から、日系企業の人的資源とりわけ労務管理にみる現状と課題を分析した。それにより、中国労働事情の変化に対応する労働倫理の構築が進められていること、その労働倫理には、人間尊重の経営思想が軸にあることを明らかにした。

　中国は急激な経済発展を遂げる過程で、利益最大化の追求が優先され、法の網をかいくぐっての反倫理的な不祥事は企業活動全域に蔓延している。そうしたなか、前述の日系企業の工場経営にみる現状と課題は、企業倫理と人材育成のあり方に示唆を与えているといえよう。すでに、経済大国となった中国は、世界から企業の倫理、経営者の倫理観の質が問われている。次に、日中における企業倫理の原点と課題を考察する。

4.1 日中にみる経営思想の原点回帰とそのインパクト

　第3章で述べた資本主義の本質を見抜いた渋沢栄一は、日中における企業倫理、労働倫理の原点になりうるのではなかろうか。

　渋沢と同時代に生きた三菱財閥の創始者岩崎弥太郎の経営手腕はよく比較されているが、なかでも屋形船会合事件は、独占的な利益を追求する岩崎と道徳を重んじる渋沢の2人をあらわすエピソードとして語られている。1878年、岩崎から渋沢は料亭に招待された。そこで岩崎から切り出されたのが、「君と僕が堅く手を握り合って事業を経営すれば、日本の実業界を思う通りに動かすことができる。これから2人で大いにやろうではないか」と、私産を増やす話をもちかけられる。渋沢には、そのような考えは毛頭ないため、2人の議論は対立し、渋沢は、腹をたてて料亭から姿を消したという話である[*13]。渋沢栄一と岩崎弥太郎では、目指すものが全く違っていた。

　渋沢栄一が経営の拠りどころにしたのは『論語』であった。渋沢は、論語を社会で生きていくための絶対の教えとして、傍らから離したことがないという[*14]。渋沢は、「本当の経営活動は、社会のためになる道徳に基づかないと、決して長く続くものではない」[*15]と、述べている。その経営哲学は、中国から輸入された論語を拠り所にしたものである。そうした意味でその精神は、中国と根底でつながっているものがあり、中国人にも理解され易く、中国ビジネスにおける経営のバイブルになる可能性も少なくない。

　中国の書店には、渋沢栄一の『論語と算盤』の翻訳本も平積みされていた。表紙のタイトルは、中国語で「左手論語、右手算盤」となっていた。(写真5-1)

写真5-1　渋沢栄一の『左手論語、右手算盤』中国語版
出所：中国上海の新華書店にて筆者撮影（2013年7月）

4.2 中国にみる企業倫理の新たな潮流

　筆者が中国現地に赴き実態調査を進めるなかで、中国企業経営の新たな潮流を発見した。北京市内にあるデザイン設計会社「清尚博尼工程設計（北京）有限公司」の創業者、陳厚文氏[*16]は、日本の経営手法を参考にし、独自のスタイルで会社を運営していた。

　陳氏が手掛ける事業活動は、自身の事業会社の発展と共に、中国のインテリア業界のレベルアップに貢献することであった。陳氏は「日本の経営、とくに戦後の日本経営者の考え方、行動は経営の参考になる」という。陳氏のように「戦後の日本経営」に着目している中国人経営者は多くいる。

　自社が儲かるためには手段を厭わないという考えが少なくないなかで、利己の利益だけに走らず、同業者とノウハウを共有することは極めて稀である。業界全体を成長させることは、結局のところ自身の会社の発展繁栄につながることを知る経営者である。

　中国全体の中では一部ではあるもののこのような経営者が現れ、その経営手法が多くの経営者に伝播してきていることは意義があり、特筆すべき事例であると考える。

4.3 企業倫理と経営理念に基づく人づくり

　経済成長率重視、道徳の崩壊、拝金主義の横行という企業倫理が欠如している現代において、中国企業、中国進出の日系企業、そのいずれにおいても、利益を追究するだけでなく、企業の目的、企業倫理、価値に基づく経営が求められている。そうした動きは、一部ではあるものの芽生えつつある。

　十名・程（2013）は、企業倫理と経営理念の根幹に"人づくり"を据えている[*17]。それは、すなわち、人間尊重を軸にした人づくりであると考える。企業倫理と先駆的、卓越的な経営理念に基づく人づくりは、企業の持続的発展の大きな鍵になると考察する。

5. おわりに

　本章では、まず、これまでの中国現地経営における、経営戦略の現地化、生産体制の現地化、人の現地化など、経営の現地化に多様な視点から光があてられてきた先行研究にメスを入れた。

　そのなかで、経営の根幹をなす価値共有のプロセスに着目し、経営理念に基づく現地経営のあり方を展開する研究が見当たらないことを浮き彫りにした。これを、残された課題として捉えた。

　次に、日系自動車部品メーカーの調査をふまえ、中国現地での経営体制を整えつつある動きに注目した。日系企業にみる工場経営は、社員の処遇改善など細かいところまでフォローし、社員のやる気を引き出そうとする人間重視の工場経営であることを考察した。

　さらに、経済成長率重視、道徳の崩壊、拝金主義の横行という企業倫理が欠如しているなかで、立ち返る原点は何かにも光をあてた。それは、企業の目的、価値に基づく経営であり、日本と中国は、互いのモデルを活かし、世界に新たな流れを展開する重責をになっているといえよう。そのためにも、企業倫理や経営理念を具現化していくことが求められる。

　すなわち、企業倫理と経営理念の根幹に人間尊重を軸にした人づくりを据え、先駆的、卓越的経営理念を、戦略的資源として如何に用いるかは、経営の持続的発展の大きな鍵になると考える。

　次章では、経営理念に基づく経営、人づくりに挑戦している日系食品メーカーの経営に光をあて、その先進的な取り組みを先行モデルとして捉え直し、今後における日系企業の創造的経営のあり方を考察・提言する。

注

*1 日本能率協会コンサルティング中国事業グループ編（2009）『最新！ 中国の「工場」事情』PHP研究所、30頁。
*2 日本貿易振興機構　海外調査部アジア大洋州課・中国北アジア課（2011）「在アジア・オセアニア日系企業活動実態調査（2011年度調査）」、32頁。
*3 市村真一編（1998）『中国から見た日本的経営』東洋経済新報社。
*4 関満博・範建亭（2003）『現地化する中国進出日本企業』新平論。
*5 古田秋太郎（2004）『中国における日系企業の経営の現地化』中京大学企業研究所。
*6 五味嗣夫（2005）「中国で活きる日本型経営システム」神戸大学。
*7 田園（2011）「中国日系企業の人材育成」桜美林大学北東アジア総合研究所。
*8 国家統計局貿易外経統計司編（2011）『中国貿易外経統計年鑑』中国統計出版。
*9 松尾製作所HP（2014.2.26取得）（http://www.kk-matsuo-ss.co.jp/company/policy.html）。
*10 株式会社日本能率協会総合研究所MDB（マーケティング・データ・バンク編（2009）『新労働契約法に基づく最新中国人材マネジメントガイドブック』株式会社日本能率協会総合研究所、214頁。
*11 後藤康浩（2005）『強い工場』日経ビジネス文庫、258頁。
*12 株式会社日本能率協会総合研究所MDB編、前掲載、342頁。
*13 渋沢栄一（2010）、『現代語訳 論語と算盤』ちくま新書、234頁。
*14 渋沢栄一（2010）、前掲書、17頁。
*15 渋沢栄一（2010）、前掲書、86頁。
*16 筆者は、2011年4月27日、北京市内にあるデザイン設計会社「清尚博尼工程設計（北京）有限公司」を訪問し、創業者陳厚文氏にインタビューを行った。陳氏は、2005年11月、国有企業を退職して、資本金50万元（約620万円）で、北京に個人経営のインテリア会社をオープンさせた若手経営者である。事業規模は、従業員196人、年商1.6億元（約20億円）（2011年4月現在）。
*17 十名直喜・程永帥（2013）『人間発達の経営学』名古屋学院大学総合研究所。

第6章

中国の日系企業にみる経営理念の具現化

ハウス食品（上海）の創造的モデルに学ぶ

1. はじめに

　本章では、中国に進出する日系食品メーカーハウス食品の経営理念に基づいた創造的経営の試みを、先行モデルとして採り上げ、本論の主要テーマである中国日系企業の創造的経営と人づくりのあり方について具現化を図りたい。

　考察にあたっては、まず、ハウス食品の経営理念を分析し、創業者の熱い思いが、今の現地経営や人づくりにどのように具現化され、活かされているかを分析する。そのうえで、実地調査に基づいて、経営理念を活かす創造的経営、人づくりが構築されるプロセスを明らかにする。

　実地調査は、まず、2004年1月ハウス食品（上海）有限公司（以降、ハウス食品（上海）と表記する）を設立した当時の総経理へのインタビューを2日間にわたり行った。次にハウス食品（上海）有限公司の工場を訪問し、午前8時の朝礼から午後5時の終礼まで、現総経理（2013年5月現在）に同行し、現場調査の中で総経理へのインタビューを行った。2人の総経理の現地経営を分析するうえで、前者を設立期、後者を発展期と捉える。

　2人の総経理経験者からのインタビューと実地調査をふまえ、現地現場で実践されている経営理念をベースにしたグローバルな視点からの創造的経営の試みを先行モデルとして採り上げる。

　ハウス食品（上海）有限公司では、現地社員にどのようプロセスで経営理念を浸透させてきたのか、その具現化の手法とプロセスにメスを入れる。経営理念を現地現場に活かすために取り組んだアプローチ1つ1つおよびそれらのつながりに焦点をあて、何がグローバル経営に必要なのか、何が創造的経営なのかを分析する。さらに、グローバル視点での日本的経営の課題にあらためて目を向け、残された課題とそれを克服すべき道は何かを明らかにする。

　経営理念を軸に創意を凝らした経営のあり方は、企業のグローバル化とともに一層重要性を増していることを明示する。

2. ハウス食品にみる経営理念の史的展開

2.1 ハウス食品のあゆみ

≫ 2.1.1 ハウス食品の誕生

　ハウス食品[*1]が「浦上商店」として大阪に産声を上げたのは1913年のことである。もとは、和漢薬品や工業薬品を扱う薬種問屋であった。商品としてカレー粉を扱い始めるのは1921年からである。もともと、日本にカレーが入ってきたのは江戸後期から明治期の開国期である。1859年に横浜、長崎、函館の三港が開かれ、その居住地に住んだ欧米人から伝えられたという通説が残っている。1860年に福沢諭吉が翻訳した『増訂華英通後』にも「コルリ（curry）」という記述もあるという。

　しかし、それから40年間は、日本のカレー市場は、イギリスのC&Bの「C&Bカレーパウダー」の独占市場だった。明治末から大正にかけて家庭でカレーを調理できる商品が国内メーカーから現れ始め、そういう時期にカレー業界に参入した。

　創業者は、1892年に徳島の士族の家に、5人兄弟の末っ子として生まれる。満10歳のときに、大阪商人になることを夢見て、上阪する。船場の薬種問屋で10年間にわたる丁稚奉公をした後、1913[*2]年21歳で独立開業する。「品物に間違いがないこと」「安いこと」「期日を守ること」の3点を頑なに守り、顧客から厚い信頼を得る人物であったという。

≫ 2.1.2 創業者の先見の明

　1921年に創業者は得意先から瓶詰カレー粉の販売を委託される。1926年、懇意にしている食品製造所の社長から「うちの会社を買ってくれないか」と相談をもちかけられる。当時、庶民は「カレーって何？」と思うほど、カレーは全く普及していない時代であった。これから普及するという確証もないなかで、創業者は迷っていた。その背中を押したのが「やりなはれ。夫婦の力を合わせたら実のらんわけあらしません」の妻の言葉だったという。これがハウス食品のカ

レーのスタートになり、オリジナルの粉末即席カレーの製造を始めるきっかけとなった。

　1928年、使用していたブランドに商標権の問題が持ち上がる。争いを好まず、新しいブランドを作ることにし、ハウス食品が誕生した。1954年には、東京に進出、その後、名古屋1955年、福岡1956年、札幌1957年、広島1959年と全国の主要都市を網羅し、全国規模の食品トップメーカーとして躍進を遂げる。1993年には、商品のブランドが転じて社名をハウス食品株式会社とした。1971年東京・大阪証券取引所第二部に上場している。資本金20億円、総従業員数1,683名（2014年3月現在）。売上高2,326億円[*3]である。

　ハウス食品の財務会計で注目したいのは、自己資本比率[*4]が76％を超えているというところである。一般的に50％以上の企業は安全、40％以上なら倒産しにくい、最低でも30％ないと金利の上昇面で会社の財務負担が大きくなる可能性があると言われるなかで、76％の自己資本比率をもつというのは、優良企業である（2014年3月期決算）。そして、2013年に創業100周年を迎え、持株会社体制へ移行している。

2.2 創業者の熱い思いを込めたハウス食品の経営理念

　経営理念は「食を通じて、家庭の幸せに役立つ」（図表6-1）である。創業者は「私の願いは、日本中の家庭にハウス食品をお届けすることです。なぜなら、うちの製品は全部、私と妻との夫婦愛から生まれた円満な家庭の味だからです」[*5]という言葉を残している。創業者は、日本の幸せの象徴は、家庭にあり、家庭の幸せは、みなが健康であること、温かい笑顔があることと考えていた。よって、その家庭の幸せを追求することが、社会全体を幸せにすると捉え、家庭の食卓に幸せを届けることを使命としたのである。創業者のエネルギーが溢れる経営理念である。

　当時は、カレーが普及していなかったため、創業者は、カレーを広めるために何でもした。日本の食品業界初の実演販売を考えたのも創業者である。実演販売で、簡単に作れることを実演してみせ、カレーを試食してもらった。宣伝カーをつくって日本各地をキャンペーンして回ることも試みた。こうした、何

が何でもカレーを広めようという強い意志や精神は、今のハウス食品にも脈々と息づき、ハウス食品（上海）の現地経営にも活かされている。

図表6-1　ハウス食品の経営理念

> **経営理念**
> 食を通じて、家庭の幸せに役立つ
>
> **創業理念**
> 日本中の家庭が幸せであり、そこにはいつも温かい家庭の味ハウス食品がある　幸せな家庭のマーク
>
> **ハウス食品の約束**
> よりおいしく、より簡便に、より健康に
>
> **社是**
> 誠意　創意　熱意　を持とう

出所：ハウス食品ホームページより

2.3 経営理念をベースにした行動指針「ハウス食品の意（こころ）」の明示化

　1963年ハウス食品は、カレールーにリンゴとはちみつを加え、大人から子供まで楽しめる味を開発した。これが爆発的なヒットになり、家内工業から会社組織へと変容した。これまでの、あうんの呼吸での経営に限界を感じた創業者は、創業者の考えを「ハウス食品の意（こころ）」にまとめた（図表6-2）。内容は、社員はどうあるべきかの行動指針が示されている。

　創業者は、組織が大きくなる中で、社員一人ひとりの意志統一が重要であると考え、創業者の考えを周知徹底した。

　「ハウス食品の意（こころ）」の内容は、社会にとって有用な社員であること、社会にとって有用な会社であることの公益性を強く求めている。社会にとって

有用であるためには、当然、利潤が必要である。目的は、利潤を生むことよりも社会にとって有用であることが一番としている点が注目すべき点であると考える。

渋沢栄一は、論語の一節である、「子曰ク、仁者ハ、己立タント欲シテ人ヲ立テ、己達セント欲シテ人ヲ達ス」を「高い道徳を持った人間は、自分が立ちたいと思ったら、まず他人を立たせてやり、自分が手に入れたいと思ったら、先ず人に得させてやる」[*6]と解釈している。田中（2014）は、渋沢栄一は、自己利益を第一の目的にすることは許さず、他者が第一、自分は第二の考え方であった[*7]と述べている。自己の利益の前に他者の利益を考えることが、公益となり、強いては自己の利益を得ることになると渋沢栄一は考えていた。

ハウス食品の創業者も、「世にあって有用な社員たるべし、又社たるべし」「社会にとって有用な社である為には利潤が必要である」この考えは、渋沢栄一の他者が第一、自分は第二の考え方に共通しているものがあると考える。

図表6-2　ハウス食品の意（こころ）

一、自分自身を知ろう
一、謙虚な自信と誇りを持とう
一、創意ある仕事こそ尊い
一、ハウス食品の発展は我々一人一人の進歩にある
一、ハウス食品の力は我々一人一人の総合力である
一、給与とは社会に役立つ事によって得られる報酬である
一、世にあって有用な社員たるべし、又社たるべし
一、有用な社員は事業目的遂行の為の良きパートナーである
一、社会にとって有用な社である為には利潤が必要である
一、我々一人一人の社に対する広く深い熱意がハウス食品の運命を決める

出所：ハウス食品ホームページより

3. 経営理念を現地に活かすアプローチ
── 日系企業の現地総経理経験者へのヒアリングをふまえて

2人のハウス食品（上海）総経理へのヒアリングの経緯

▶1 ──「設立期」の総経理A氏

　筆者が上海で勤務した日系コンサルティング会社では、毎月1回、日系企業の総経理を集めた総経理塾を開催していた。ここでは、その時々の中国ビジネス情報のトピックスを伝え、その後、横のつながりを深めてもらう目的で懇親会を開いていた。ハウス食品（上海）総経理のA氏もその総経理塾に参加されていた。A氏は、毎回出席をされ、総経理塾の中でもリーダー的な存在であった。A氏の話の中から、中国人、日本人関係なく人を大切にしていることが伝わってきた。特に、A氏が「昼は、中国人スタッフと一緒に工場の食堂で食事をしている」という話が印象に残っている。

　日系企業の駐在員の多くは、食事は、日本人同士でとる事が多い。「せめて食事くらいは、中国人は中国人同士、日本人は日本人同士、お互いの口にあうものを食べたい。気を使いたくない」という思いからであろう。工場のまわりに飲食店が少なく、工場でしか食事がとれない場合でも、日本人は日本人同士で集まって食事をとる。時には、タクシーに乗ってレストランに行き、外食をすることもあると聞いていた。しかし、A氏は、昼食を中国人スタッフととりながら、距離を縮め、信頼関係を築くことを優先したのであった。

　筆者が、中国に進出している日系企業の経営、人づくりの研究に取り組むようになって、A氏が、中国で取り組んだ中国人との関わりや考え方は、中国進出日系企業の経営や人材育成をするうえで、「創造的経営」のモデルになるのではと考えた。そこで、A氏にインタビューの依頼をしたところ、快く承諾いただき、貴重な話を伺うことができた。A氏へのインタビューは、2012年8月8日と2012年12月17日のあわせて2回行った。

　初代上海現地法人総経理を任されたA氏の就任期間は、2004年7月～2009年3月（4年9カ月）であった。中国のことは何も知らない、海外駐在の経

験がなく、海外への関心もなかったという中でのスタートであったという。着任当時は、総経理のA氏と副総経理の日本人の2名で立ち上げた。赴任時の会社から与えられた役割は、独資（100％本社出資）による生産、販売をする会社を設立することであった。全く新規にゼロからのスタートで、工場の土地の選定、土地の契約、工場建設、ゼネコンとの工事のやり取り、人の採用、会社登録など、全てを任されたという。

▶2──「発展期」の総経理B氏

その後、A氏の紹介で、2013年5月24日にハウス食品（上海）を訪問。午前8時の朝礼から午後5時の終礼まで、現総経理B氏（2014年3月現在）に現場同行し、ヒアリングする機会を得た。B氏は、ハウス食品において営業を34年間経験、中国赴任は、2回目である。1回目の赴任は、中国でカレーが受け入れられるかどうかのテストケースで、1996年から3年間、中国上海の中心地でカレーレストランの経営を任された。この時、レストラン経営が上手くいき、順調に利益を出すことができたため、中国への進出が決定された。2回目が2009年からであった。

A氏が総経理として関った時期を「設立期」、B氏が総経理として関っている時期を「発展期」と捉え、2人の総経理が現地で行った経営を比較分析する。

3.1 ハウス食品の中国上海進出

カレーの業界で、先陣を切ってハウス食品は海外進出を行っている。現在、ハウス食品は、アメリカ、中国、台湾、タイ、ベトナムなどで海外展開をしている。アメリカでは、豆腐等の製造販売、レストランの経営および輸入販売を行っている。

中国では、子会社のハウス食品（上海）が香辛調味食品を製造販売するほか、一部の製品については子会社がレストラン経営を行っている。台湾では2007年に、子会社を設立、韓国でも、2007年に子会社を設立して経営を行っている。2008年にはロンドン事務所を設立。タイでは、2011年に加工食品・飲料

の製造販売を行う子会社を設立、ベトナムでは、加工食品の製造販売を行う子会社を設立している[*8]。

中国進出の前に、アメリカで豆腐事業をしていたが、日本本社から100％出資の事業展開は中国進出が初めてであった。何故中国への進出を目指したのかは、米飯文化のある東南アジアでは、カレーが受け入れられるだろうと期待があり、その手始めとして中国からのスタートとなった。中国は、マーケットが一番大きいことも理由である。

1997年に上海の中心地の茂民南路で、カレーレストランを出店。中国でカレーが受け入れられるかどうかのテストを行った際に、カレーライス40元〜50元の値段で勝負した。当時昼食の弁当が5元で販売されている時代である。庶民にとっては40元〜50元という値段は高級な値段であるにもかかわらず利益を上げることができた。(このテストケースの経営にあたったのは総経理のB氏であった)それをきっかけに、中国で日式カレーは受け入れられるのではという手応えを感じ、中国で展開する判断を下した。中国の現地法人は、2004年1月8日、資本金は14,260千ドルで設立した。

3.2 中国における経営理念の浸透

》3.2.1 本社の経営理念を中国風にブレイクダウン

会社は、経営理念を明確にすることで求心力は強まるといえよう。特に、グローバル展開するときに経営理念は、価値共有の軸となり、現地法人の行動を示すベクトルになる。しかし、経営理念はオリジナル性を有しているが抽象的な言葉で表現されることが多いため、受け手によって解釈が異なる。経営理念を、創業者、経営者と同じ思いで、社員一人ひとりに日常業務まで浸透させるためには、時間と工夫が必要であると考える。

古田(2004)は、「経営理念の浸透がすべての基礎にあることは、日系企業、欧米企業とも変わりはない」[*9]と述べている。日系企業、欧米企業にかかわらず、現地経営、人材育成には、経営理念の浸透が基礎にあると捉えている。しかし、その経営理念を言葉も習慣も文化も違う海外において伝播し、浸透、実践、徹底させるのは容易ではない。それは、筆者自身の体験からも痛感し

ている。

　前述したように筆者は、上海において勤務していた際、毎週月曜日5分～10分程度の朝礼があった。内容は、社長からの挨拶、各部署からの連絡事項を伝えたあと、スタッフ全員中国語で経営理念を唱和した。皆大きい声で、唱和しているが、それはお題目を唱えるようなもので、全く意味をもたなかった。筆者は、経営理念は、伝える側にしっかりした考えと戦略、熱意がなければ、浸透させ、現場に活かすことは難しいと現場で感じていた。

　ハウス食品（上海）のA氏は、着任した時から、現地法人で経営理念を伝えることが必要と考えていた。A氏は「会社にとって、経営理念は、存在証明であり、アイデンティティーである。これがないと何のために働くか空しくなる」と経営理念の必要性を実感していた。A氏は、日常どんなことも、行動に結びつかないと絵空ごとに終わってしまうと考えていた。行動に結びつけるためには、自分の言葉にして、腹に落とし込むことが必要であるという。経営理念も、行動に結びつくように言葉に落とし込む必要があると感じた。そうでないと、実践できない。実践できなければ、評価もできない。現地法人を設立するにあたって、半年以上の時間をかけて中国人スタッフにわかりやすい経営理念を考え、経営理念を評価しやすいように、文章を作成したという。そして、それを中国語に翻訳して中国人スタッフに理解させた。（図表6-3）

　では、A氏はどのように日本本社の経営理念を中国人スタッフにも理解でき行動に結びつくような経営理念にしたのだろうか。ハウス食品の日本本社の経営理念は、「食を通じて、お客様の幸せに役立つ」（図表6-1）である。しかし、これを習慣、文化の違う中国人スタッフに理解してもらうためには、抽象的である。そこでA氏は、日系企業が中国に進出し事業を展開するときに、中国で何が貢献できるかを考えた。「日式カレーは、スパイスの混合体で、身体にもいい。人々の健康に役立ち、中国の人々の家庭の幸せにも貢献できる」という結論に至った。

　その思いを具体的な言葉にすると「私達の会社の使命は、価値ある製品、サービスを提供しお客様の生活に役立ち、より豊かな食生活と健康に貢献することです」（図表6-3）になった。

　ハウス食品（上海）は、製品の品質を管理し、価値ある製品やサービスを提

図表6-3　現地法人「ハウス食品(上海)」の経営理念・目指すもの・行動指針

経営理念
私達の会社の使命は、価値ある製品、サービスを提供しお客様の生活に役立ち、より豊かな食生活と健康に貢献することです

目指すもの・ビジョン
① 開かれた会社——オープンな会社を目指します
② 親しみやすい会社を目指します
③ 食品会社らしい清潔な会社を目指します
④ 品質第一優先で安全、安心な食品を生産している信頼の置ける会社を目指します
⑤ 消費者、従業員のことをよく考えている会社を目指します
⑥ 従業員が知人に自慢できる会社を目指します

行動指針
基本の徹底が必要です
1. 絶対不良品を出さない
   不良品を生産しない、生産しても外部に出さない
   原料管理、製造、品質管理の皆さんは徹底して自分の業務にこだわって下さい
   自分だけさぼってもいい、ちょっとのことだからまぁいいやは絶対駄目
   一人ひとりがこの会社の品質を握っている
2. もっと明るく元気に挨拶して下さい
   従業員同士、お客様(日本人、中国人関係なく)に対して挨拶をきちんと行って下さい
   幹部社員が率先して挨拶して下さい
3. もっと整理整頓して下さい
   きれいな職場環境を作って下さい
4. 報告、連絡、相談をもっと頻繁に行って下さい
   癖をつけて下さい
5. コストを意識して行動して下さい
6. 不正をしないのは当然です
7. 自分の仕事に工夫をして下さい
   もっと楽に、安く、簡単にできないか
   幹部社員は意識をもっと強くもって率先して活動して下さい

個人への評価指標
一生懸命仕事をする人、成果が出ている人、仕事の質が高い人を評価します

出所:ハウス食品(上海)A氏の資料を参考にして筆者作成

供する。価値ある製品やサービスを提供することで、人々は安心して豊かな食生活を作ることができる。それによって心身共に健康な身体は作られていく。豊かな食生活に役立つことで、家庭は幸せになり、中国の人々は豊かになる。強いては、中国の社会が発展していくことに繋がる。その社会的貢献が、中国に進出する存在意義であり、自社のブランドを高めることになる。

このような考え方から、創業者の思いを受け継ぎ、中国現地法人の経営理念は作られたのである。自社の利益を優先する前に、まず進出した国の利益や発展を優先させる。まさに、これは創業者の考えた「ハウス食品の意（こころ）」の中に明示されている「世にあって有用な社員たるべし、又社たるべし」である。

≫3.2.2 現地法人が「目指すもの」と「行動指針」の明確化

中国版の経営理念の明示化に留まらず、経営理念をベースとした現地法人の「目指すもの（ビジョン）」と「行動指針」も明確にしている。この点が、経営理念を現地法人に浸透させるうえで、重要であると考える。何を目指し、どのような行動をとるべきかを具現化するのである。そして、行動指針が個人の評価指標にもなっているので、評価する側もされる側もわかりやすいといえよう。これを、一貫性をもって、日常業務に浸透させるまで繰り返し続けることが重要である。

図表6-4は、具体的に、経営理念を現地法人の中国社員へ浸透させるプロセスを示した「経営理念を中国社員へ浸透させるまでのツール」である。

まず、このプロセスは、本社の経営理念を、土台をなすもの、すべてに影響を与えるもの、と位置づける。次に、本社の経営理念を、現地法人の経営環境、文化、習慣にあわせて中国人社員に理解しやすい言葉に置き換え、中国版経営理念を作成する。さらに、どんな会社になりたいか理想の会社像、ビジョンを具現化する。そして、理想の会社になるためには、どのような行動が求められるのかという行動指針を明示し、その行動基準をもとに、個人の業績評価を行うという指標を示す、というプロセスである。これらを、循環させることにより、一貫性をもって日常業務に浸透させることである。

図表6-4 経営理念を中国社員へ浸透させるまでのツール

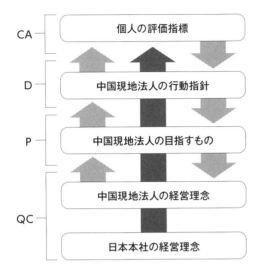

出所：筆者作成

（図表6-4の注釈）
品質管理QC（Quality Control）は、顧客に提供す商品及びサービスの品質を向上するための企業の一連の活動体系である。
ハウス食品のA氏は、日常から行動に結びつくよう品質管理のフレームであるPDCAに沿って経営理念の浸透を試みたと考えられる。
QCは、会社としての品格・品質がどうあるべきかを示した経営理念にあたる。経営理念は、日本本社の経営理念をベースに、中国人社員に理解しやすい表現に置き換えて中国版経営理念を作成した。
Plan（目指すもの）：会社としての経営理念を実現させるために目指したい方向性を示したプラン・ヴィジョンにあたる。
Do（行動指針）：目指したいものをどう実現するか行動指針を示した実践にあたる。
Check・Act（個人の評価基準・改善）：実践したものが目指すもの、行動指針に沿っているかどうかの個人の評価基準にあたる。実践が目指すもの、行動指針に沿っていない部分はチェックして改善する。これを繰り返すことによって経営理念の浸透を継続的に図った。

3.3 工場見学で「開かれた経営」——企業市民化

》3.3.1 工場見学でやる気と誇りを醸成

　ハウス食品（上海）では、年間20回～30回くらい地域の子供たちを招待して工場見学を行っている。工場見学は、工場の中をガラス越しに見学できるフロアをつくり、最後にカレーを試食するコースである。

　近年、日本においても工場見学が「ちょっとしたブーム」になっており、多数の見学者（例えば人気の高い6工場には年10万人）が訪れている。このような「開かれた経営」は、企業が信頼を得るために重要になっている[*10]といわれている。しかし、中国においては、一般的にまだまだ工場を開放するという発想は少なく、日系企業が中国において工場見学を実施するのは大変珍しいことである。ここにも自社の利益だけでなく、進出した国の利益と発展を考え地域社会に貢献する姿勢が感じられる。経営理念に基づく価値あるサービスを提供しているのである。

工場見学を実施して開かれた経営をすることは、十名（2012）は「現場で働く人も消費者の反応が直にわかることでやり甲斐を感じることができる」[*11]と述べている。ハウス食品（上海）のスタッフも子供たちの工場見学を実施することで、経営理念に基づいた創意工夫、やり甲斐が生まれている。
　ハウス食品（上海）は「オープンな会社」を目指している（図表6-3）。では、工場見学で「子供たちにとってオープンと感じるのはどんな工場か」スタッフたちは考えるのである。「工場の中を整理整頓すること」、「衛生を保つこと」、「明るく元気に挨拶すること」「生き生きと働くところをみせる」など、いくつもの考えを出し合い工場見学で実践するようにしている。経営理念にある「オープンな会社」を自ら具体的に考え、実践することで、スタッフが一丸となって動きだすようになったという。
　あるいは、経営理念にもとづいて「親しみやすい会社」（図表6-3）とは、どういうことかを考える。「子供たちを出迎える時、見送る時に、元気に手を振ることで親しみやすさは生まれるのではないか」という工夫を考えつく。それを実践して、子供たちが喜ぶ顔をリアルにみることができる。実践したことが、成果として現れることで、より行動は加速する。そして、工場見学が終了したあとの反省会においても、「あの時、こうしたらもっと良かったのではないか」と、会社として目指したいものに、近づいたかどうか議論されるので建設的であったという。
　経営理念に沿った行動をすることで、顧客にとっては、「安心、安全な会社、信頼のおける会社」となる。会社で働く従業員とっては、会社の目指す方向性がわかり、判断基準ができるので、行動しやすい。経営理念に沿って行動したことが個人の評価基準となるため、やり甲斐を感じるようになる。また、顧客に喜ばれることで、社員としての実感、誇りがもてるようになるであろう。
　経営理念によって、外部、内部の両面で、有形無形の効果をもたらすものといえよう。図表6-4が示す「経営理念を中国人社員へ浸透させるまでのツール」は、中国における日系企業にとって、先行モデルとして活かすことができると考える。
　経営理念で目指したい方向性を示し、行動指針に沿って実践させる。それが個人の評価指標となり、成果（顧客からの評価、会社からの評価）として認めら

れる。これを継続的に循環させる仕組みをつくることが重要であると考える。

》3.3.2 日本本社の"みせる工場"

　ハウス食品の食の安全・安心の取り組みを紹介するための工場見学は、日本本社においても実施されている。筆者は、2014年4月30日静岡工場見学をした。静岡工場は1982年に建設された。東海道線と新幹線の沿線に隣接しているため、外部から見られることを意識した"見せる工場"がコンセプトになっているという。工場の2階には、ガラス張りの工場見学コースが設置され、"見せる"ことを意識した作りになっていた。日本の静岡工場見学と上海の工場見学を体験し、日本本社でのオープンで信頼される工場のあり方が、中国に活かされていることを実感した。

　ハウス食品（上海）の工場を建設する時から、日本の工場同様、工場見学ができるように設計したという。中国現地の見学コースは、ガラス張りの工場見学コースである。(写真6-1)ハウス食品の会社の文化である工場見学は、B氏が総経理になってからも継続され、子供たちにカレーをつくる体験も実施している。

写真6-1　ガラス張りの見学コース（カレールーを機械でパッキングする工程）（上）
見学コースはガラス張りで2階から見下ろすことができる（下）
出所：筆者撮影（2013.5.24）

3.4 地域密着型の営業戦略——グローカル化

　ハウス食品（上海）の総経理A氏の後任にはB氏が着任した。A氏から経営を受け継いだ総経理B氏は、これまでの経営方針から方向転換を図った。
　ハウス食品（上海）B氏によると、設立当時は、主に商品を置いてくれる小売店を増やす戦略をとったが、中国には、取引費や導入費という独特の商習慣がある。商品を置いてもらうためには、1点あたり数10万円を支払う条件があり、売上高の3倍程度の原資が必要といわれる。このような厳しい条件では、採算が見込めないと判断し、戦略を転換した。新たな戦略は、広く市民にハウス食品の味を広げる「とにかく食べてもらう作戦」であった。これは、創業者が日本国民にカレーの味を広めようと試みたのと同じ作戦であった。

》3.4.1 実演販売

　「とにかく食べてもらう作戦」の1つは、実演販売である。マネキンさんにカレーの作り方を指導し、百貨店やスーパーで実演をする実演販売を実施した。時には、中国人社員がコックの服装をして、店頭に立つこともあるという。社員が顧客と直接触れ合うことで、製品、社への愛着、顧客からの要望を聞き出すこともでき、一石二鳥の取り組みであるという。

》3.4.2 工場の社員食堂や学生食堂にカレーメニュー

　次に試みた「とにかく食べてもらう作戦」は、日系企業の社員食堂に目をつけた。B氏は、日系上海工場の社食に「カレーの日」を導入することを発案した。労働力不足が顕在化している製造業は、人材の定着率を上げるため食事を含む福利厚生の充実を図っている。そこで、カレーライスを新メニューに加えてもらうことを考えた。日系工場の総経理宛に自ら直接手紙を出してアピールした。実施の結果、工場で働く社員に「カレーの日」は大好評となったという。
　その他、上海市内の12の大学の学食にカレーライスを、採算度外視で無料提供したり、大学の寮へカレーメニューを導入してもらうようにした。それにより、カレーライスで栄養補給をして勉学に励んでもらうこと、新しいものを貪欲に吸収する学生は金の卵、未来の顧客として期待した。カレーライスの作り方

がわからなければ、職員が作り方を教えにでかけた。

　他にも、「家政婦を集めたカレー教室」「栄養士学会の協賛」「中国の金メダリストにカレーを提供」など、思いつくまま、ありとあらゆる工夫をして、「とにかく食べてもらう作戦」でハウス食品の認知度を高めていった。これらの試みは、地味ではあるが、中国でカレーを人民食にするというグローバルな理想をもち、ローカルに地道に行動するという、まさに"グローカル化[*12]"の経営戦略であると考える。

≫ 3.4.3 味のグローカル化

　グローカルな営業戦略とともに、スパイスの工夫、色の工夫、パッケージの工夫をして、味の現地化にも挑戦した。

■1 スパイスの工夫

　味覚調査で中国料理によく使われる「八角」を入れた方が美味しいと感じる中国人が多かったため、八角を香辛料に加えている。

■2 色の工夫

　中国では粉末状の香辛料であるカレー粉を使う文化があるため、カレーの色は黄色というイメージをもっていることを知り、カレーの色を日本製品に比べ、黄色を濃くした。(写真6-2)

■3 パッケージの工夫

　パッケージは、中国人が好む色(金色・赤色・黄色など)を使い、派手で目立つようにしている。また、中国では、カレーの作り方がまだ浸透していないため、イラストを交えてカレーライスの作り方をパッケージに表記し、初めてカレーライスをつくる人にも工夫がされて

写真6-2　日本と中国のカレーの色の違い
出所:テレビ東京「カンブリア宮殿」2013.10.10 OAより

写真6-3 カレールーのパッケージ
出所：筆者撮影（2013.5.24）

いる。

中国では、メインターゲットが核家族（3人家族）としており、ルウカレーの小箱製品の設定を日本は、125gなのに対し、中国は100gと小さめのサイズにした。味覚、色、パッケージまで、味の現地化を徹底し、現地の食卓に馴染むよう"味のグローカル化"に挑戦している。(写真6-3)

3.5 中国にみる創業者理念の開花

中国における日式カレーの啓蒙活動、市場開拓は、創業者が、日本全国にカレーを普及させた取り組みと全く同じである。創業者は、日本の食卓に幸せを届けるために、宣伝カーを用いて食品業界初の実演販売を行った。中国においても、思いつくまま、ありとあらゆる工夫をして、「とにかく食べてもらう作戦」で認知度を高め、地域で生活する人々の食卓に入り込んでいったのである。

創業者は、何が何でもカレーを広めようという強い意志でカレーを日本の国民食にしてきた。その精神は、今のハウス食品（上海）にも脈々と息づいており、現在は、「中国でカレーを人民食にする」ことを目指している。「家庭の食卓に幸せを届ける」という創業者が残した経営理念のエネルギーが今も社員一人ひとりに根付き、実践の場で継承されている。これがまさに、経営理念の具現化であり経営理念を現地に活かすアプローチといえよう。

4. 経営理念を現場に活かすアプローチ

4.1 人間尊重・平等主義による友好化

》4.1.1 社員との友好化

　ハウス食品（上海）の目指すものの1つに（図表6-3）、「消費者、従業員のことをよく考えている会社を目指します」が明示されている。これを、具現化するために、ハウス食品（上海）では、給与の他に福利厚生を充実させて働きやすい職場づくりを目指している。その1つが、社内旅行（南京、杭州、寧波、一泊二日）の計画である。バス2台で現場労働者も含めて全員参加する。現場労働者は3つ星ホテルに泊まった経験がなく、ホテルに泊まることが嬉しくて仕方ない。とても、喜んだという。中には、現場労働者と一緒に行くのを拒む一般社員もいたが、みんな会社の仲間であることを伝え、一人ひとりを尊重し、差別なく平等にした。

　その他、福利厚生では、バドミントン大会をしたり、中秋の名月では、中国では月餅を食べる習慣があるので、月餅を社員に配ることもした。春節（中国のお正月）を迎える前には忘年会を行った。A氏は、「100人近くの社員を中国から、預かっているという思いはあった。10数億円を投資して事業が上手くいかなかったら日本に戻れないという覚悟で着任した。事業が成功するのは、社員一人ひとりの仕事にかかっている。一緒に働く仲間を大切にした。中国という軒下を借りて仕事をする。そこに感謝を忘れてはいけない」という。

　A氏と赴任した日本人の工場長も、中国語は話せないが、スタッフに入り込んで打ち解けようとしていた。その工場長が帰任する時には、スタッフ100人が工場長を囲んで送別会を行った。人間と人間が同じ職場で働くのであるから、国籍ではなく、お互いの心が通じることで、事業は上手くいくのであろう。松下幸之助は「人間である以上、日本も外国もない」[*13]と述べている。このように人間尊重の精神を具現化することが、会社に理念を根付かせることに繋がると考える。

≫4.1.2 社員の自主性を醸成させる社員旅行

次に、総経理B氏は、社員旅行を社員の自主性を醸成させる場にした。具体的には、社員旅行の企画を社員に任せたのである。日程の候補、予算を予め提示し、その範囲内で目的地を社員が決める。写真6-4は、社員旅行は何処に行きたいかのアンケート調査表であり、食堂に掲示されていた。目的地を第3希望まで記入できるようになっていた。乗り物も三択になっており、電車、バス、飛行機のいずれかが選べる。このように、社員に企画させ、選択させることで、社員のモチベーションを上げ、自ら考えることで、自主性の醸成を図っている。

しかし、社員旅行には別の思惑もある。近年、現場労働者が大型連休の後、故郷に帰って戻らないケースもある。日程は、これを危惧して大型連休である国慶節の後の開催となっていた。旅行を楽しみにしている現場労働者に大型連休後も働いてもらいたいという会社の意図もある。社員旅行などの福利厚生の充実を図り、現場労働者のやりがいを引き出すための工夫をする日系企業は多い。

≫4.1.3 社員が集う食堂

人間尊重、平等主義は、社員食堂にも見られる。社員食堂は、日本人駐在員、管理職、一般職員、現場労働者が同じ場所で会話を楽しみながら食事ができる空間になっている。社員食堂は、清潔感が保たれ、テーブルの奥の仕切られたスペースが、調理場になっており、ここで毎日食事を作っている。食事は、毎食、一汁三菜が出され、毎週金曜日はカレーの日としている。自社の製品を食することで、食の安全の自覚や、親しみやすい会社を目指しているのである。(写真6-5)

4.2 やる気を引き出すための個別化

≫4.2.1 幹部社員給与における成果主義

やる気を引き出すためには、経営理念に基づく一貫した評価も重要である。中国人スタッフは、常に自分の評価がきちんとされているかを重視する。自分

の評価がきちんとされていないと感じれば、離職理由につながる。そのため、自分の給与が他者と比べて正当に評価されているかが気になり、給与を見せ合うこともある。

筆者が駐在中は、中国人社員の労務管理をしていたが、中国人社員同士で誰がどのくらいの給与をもらっているかは、知っていたようだ。時には、「なぜ、〇〇より、給与が低いのか」と社長に直談判する社員もいた。自分が低く評価されたことに不満をもち会社を退職する社員もいた。日系企業にとって、中国人社員にわかりやすく、納得できる人事評価をすることが課題である。

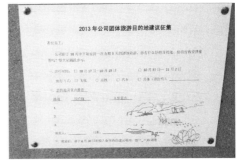

写真6-4（上）旅行のアンケート調査表
皆の集う食堂に掲示されていた
写真6-5（下）清潔な写真食堂　　出所：筆者撮影（2013.5.24）

その中で、ハウス食品（上海）で行ったことは、給与は幹部クラスの課長以上は、成果主義で1対1の交渉をし、同じ課長でも5,000元もいれば、7,000元もいるように差別化したという。これは、行動指針の中で示した「幹部社員は意識をもっと強くもって率先して活動して下さい」（図表6-3）で示されている。まずは、幹部社員が他の社員の見本になることを求めた。幹部社員の行う仕事の品質管理、コスト意識、仕事への創意工夫が経営理念や行動指針に沿ったものであるのか、それを個人の評価指標として捉え、給与に差をつけやる気を引き出したのである。

≫4.2.2 営業職給与における競争主義

総経理B氏も、給与体系には個別化を導入している。とくに、営業職の給与は、競争原理を利用し、営業成績のよい社員への待遇アップを図った。競争は、

SNSのグループネットワークを利用して、営業マン同士にその日の売上を報告させる。「売上達成した」「顧客獲得に上手くいった」「上手くいかなかった」「成功した」など皆で情報を共有する。成績の良い社員には、皆から「おめでとう」と称賛があり、上手くいかなかった者は、悔しいので次は自分も頑張ろうという気持ちになる。このような競争原理で競わせ、年間で一番売上が良かった社員には「優秀賞」（1,000元程）のプレゼントを贈るという。中国社員は自分が一番になりたいという気持ちが強いので、懸命に競争しやる気を出すという。

中国人の特性を知り、SNSを利用して競わせる場をつくることは、これまでにない斬新な試みであると捉える。

》4.2.3 やる気を引き出す専門性の視点

中国人のやる気を引き出すためには、給与などの処遇に加え、自分が成長できると思えるキャリアデザインを提供することである。例えば、ハウス食品（上海）人のマーケティング課長には、マーケティングの手法やマーケティングの知識を教えた。そのことによって、マーケティング課長は、「この会社にいると、コマーシャルの企画、エリア地区販売、予算を使って仕事ができ、いろいろなことに挑戦できるのでやり甲斐を感じる」と、仕事に励んだという。自分の成長を後押ししてくれる仕事をすることでモチベーションは上がる。すなわち、図表6-3の目指すものにある「知人に自慢できる会社」になるのだ。マーケティング課長は、現在（2012年12月現在）も勤務している。

さらに、総経理B氏が取り組んだのは、責任範囲を明確にして権限委譲をしたことである。「現場で判断し行動できなければ、中国での競争に勝てない。指示されるだけでは、工夫が生れないため責任を明確にして権限委譲をしている」という。

程（2012）は、日本企業の中国現地経営において、役割の転換－「権限死守」から「権限委譲」を提案している[*14]。しかし筆者は、権限委譲の前に、「責任」を明確にすることが重要であると考える。責任の範囲が明確でないものに、権限の委譲はできないと考える。

ドラッカー（2008）は、渋沢栄一について「マネジメントの本質は、富でも地

位でもなく責任であるとの渋沢の洞察が実現された」*15と、評価している。渋沢栄一は、国家においても、世界においても商売をするうえで、何より大事なのは「信用」であると考えていた。信用は、責任の裏付けがなければ誰も信用しない。信用と責任は表裏一体なのである。だからこそドラッカーは、「マネジメントの本質は責任であるとの渋沢の洞察が実現された」と渋沢を評価したのではなかろうかと考える。

しかし、日本的経営は、チームワークを重視するため責任の所在が曖昧になることが多い。そこに、日系企業の現地化が遅れる一要因があるといえよう。

4.3 円滑なコミュニケーションによる信頼関係の構築
── オープン化

≫4.3.1 オープンな総経理室

筆者が、現地法人の事務所を訪問した時、総経理室に入り、開いている扉を閉めようとした。するとB氏は「扉は開けておいてください。何を聞かれても隠し事がないので、開けとくのですよ」と言う。総経理室には、扉があるがいつもオープンである。総経理がどんな仕事をしているのか、訪問客は誰なのかすべてわかる。また、総経理室と社員が仕事をする部屋の壁は、ガラス張りである。（写真6-6）お互いにどんな仕事をしているのか、一目瞭然である。中国の総経理室においてはこのようにオープンなところは珍しい。もちろん、日本の社長室においても珍しい。筆者にとって日本の社長室のイメージは、扉はいつも閉まっており、閉ざされた空間の中で、大事な物事は決まる印象である。しかし、それは、ビジネスをするうえで極秘なこともあると認識していた。だからこそ、この何でもオープンな姿勢は、互いの信頼関係がないとできないと

写真6-6 オープンな総経理室
いつもドアが開き、壁も硝子で互いに何をしているかが可視化される
出所：筆者撮影（2013.5.24）

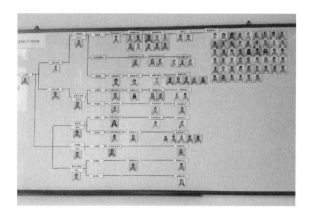

写真6-7 食堂に掲示されている社員全員の写真
出所：筆者撮影（2014.5.24）

考える。このオープンな空間が互いの信頼関係を構築していると感じられた。

≫ 4.3.2 社員全員の顔写真にみる責任と自覚

　食堂には、社員全員の顔写真が張られている（写真6-7）。誰がどの部署にいるか、その部署の責任者は誰か、現場労働者は誰かが一目でわかるようになっている。可視化することで、部署ごとのチーム作り、責任所在などすべてが明確である。可視化することで、職場の存在を認め、会社の一員であることを示すこともできる。責任の所在など、社員一人ひとりの自覚も生まれ、信頼関係の構築の場になっているように思われた。

≫ 4.3.3 朝礼・ラジオ体操でコミュニケーションの円滑化

　ハウス食品（上海）の総経理A氏は、コミュニケーションを図るための工夫として、会議での発言の機会を増やしたことである。全体会議は、総経理、副総経理が話をする。3カ月ごとに課長も話す。従業員も現場労働者も隔てなく会議に参加させた。「現場労働者は十分理解できなくても参加したことに意義がある」と、仲間意識をもたせたのである。A氏は、経営理念を浸透させるための工夫として、毎月、従業員や現場労働者も含めての全体会議をしており、その中で、経営理念を徹底的に話し習慣化させたという。

　朝礼も毎日開催。中国版ラジオ体操を行う。毎日、顔を合わせることが大事であるとし、終礼も行いコミュニケーションをとった。

マネージャー会議として、課長以上の幹部会議を行った。これは、総経理室で毎週1回行い、各課からの報告をさせた。会議では、幹部が会社の状況を知り、会社が目指す方向について伝えることを目的としていた。4年間で250回ほどの会議を行い、毎回続けて休んだことはなかったそうである。

写真6-8 朝礼の風景
出所：筆者撮影（2013.5.24）

B氏が総経理になってからも、朝礼、ラジオ体操、終礼は継続している。筆者は早朝から訪問したため、朝礼、ラジオ体操に参加できた。朝礼は、総経理より挨拶があり、連絡事項の確認をしていた。その後、担当者が前にでて、中国のラジオ体操を全員で行っている。朝礼とラジオ体操を含めて15分程の時間であった。（写真6-8）

》4.3.4 「100回の会議より1回の飲み会」による信頼構築

総経理B氏になって、会議は月に1回になった。B氏は、1996年に体験した中国駐在の経験から「100回の会議より、1回の飲み会」と考えている。成果が上がった時、もしくは定期的に担当幹部の責任において飲み会を開催しコミュニケーションを図っている。飲み会を開催することで担当幹部の面子も上がり、部下も喜んで参加しているという。B氏は「中国では、性善説でいく度量の深さと、勇気がないと上手くいかない。想定されない問題も必ず起きるので、問題が起きた時に最小限のリスクで切り抜けられるスキル、人間関係をつくるようにしている。みんなで"会社をよくしよう"と夢を語らないと社員はついてこない」と、中国でのリーダーのあり方を語った。日常の信頼関係が仕事の質を向上させるのであり、中国に限らずとも重要なことである。

4.4 経営努力による市場創出と拡大

 ハウス食品（上海）は、前述の「とにかく食べてもらう作戦」「味のグローカル化」「人間尊重」「やる気を引き出す個別化」など、経営理念を現地現場に活かすアプローチを地道に続けた結果、2013年3月期で通期として初めて黒字化が達成された[*16]。2013年12月期は、前年比3割増の1億2,600万元（23億円）と、初めて1億元を突破した[*17]。

 2013年12月には、中国国内における食品の製造・販売事業およびレストラン事業などを統括し、効率的な事業投資および資金管理を可能とする統括会社（投資性公司）を上海に設立している[*18]。

 さらには、中国で2カ所目となる工場「大連堀江大和屋食品[*19]」が遼寧省大連で、2014年11月4日から、稼働し始めている。大連工場では、1.4トンの巨大釜などカレールウの生産設備を備え付け、上海工場と合わせた生産能力は190万ケースに及ぶという。

 中国カレールウ市場は、今や韓国系、地場系なども参入するが、先行の強みや地道な努力の甲斐もあってシエア9割を占めている。3年以内に中国46都市に営業担当者を常駐させ、150都市をカバーする体制を構築する予定をしており、2020年には、100億円を売り上げる目標も掲げている。

4.5 品質管理にみる課題と今後の展開

 ハウス食品（上海）は、2013年3月期で黒字化が達成された。2013年12月には、中国での投資会社を設立し、今後は、中国を拠点に東南アジア、世界の市場を目指すことになる。そこで、課題になるのが、人の現地化であろう。日系企業にとって、中国人社員の総経理登用にはいまだ壁がある。ハウス食品においても、どこかの段階で、総経理は中国人に任せなければいけないという考えはあるそうだ。なぜなら、中国人社員を雇用して、中国の原料を使って仕事をする、中国の販売ルートなど全てが中国のインフラを使って中国で仕事をするには、中国人の感覚で勝負した方がいいと考えるからである。将来的には、中国の事情を知る、中国人に任せた方が良いと考えているが、現状は日本からの

出向者が総経理になっている。その理由の１つが、品質管理にみる課題である。日本の食品メーカーのブランドを背負っているので、ハウス食品だけでなく、多くの日系企業は、品質管理を現地経営者に任せるのは難しいと考えているのである。利益優先に走り、品質が担保されないことを危惧しているのである。やはり、品質担保のためには、日本本社ともコミュニケーションがとれ、品質管理の重要性を理解する日本人を駐在させた方が安心のようである。しかし、日本人が出向した場合は、年間数千万円のコストがかかる。また、海外に出向させる日本人にも限界がる。そのジレンマを抱える日系企業は多いといえよう。本社の経営システムの改革をはじめ、今なお克服すべき課題として根深い。

現地化の問題について、古田（2004）は次のように指摘する。「中国国内市場販売で成功するためには、中国人の知恵とパワーが最大限発揮できる新しい仕組みをつくらなければならない。中国人の活力をひきだすべく経営の現地化であり、ヒトの現地化である」[20]。しかし、筆者は、経営・人の現地化とは、中国人、日本人の国籍に拘るのではなく、経営理念を重視した経営が体現できるか否かであり、それを担うリーダーの資質の如何がまず第１に問われるべきではないかと考える。

第１章でのNUMMI（トヨタ・GM合弁会社）や東芝大連社、第４章での松尾（天津）電子有限公司の企業調査においても、日本本社に依存した日本人管理職中心の経営は、現地ホワイトカラーのキャリア形成のチャンスやモチベーションを下げるきっかけとなり、ホワイトカラーの管理にみる日本的経営の弱みになったことを明らかにした。

ハウス食品では、幹部社員の成果や専門性を評価して個別化を図っているものの、現地化の根本的課題の解決に向けては、なお途上にあるとみられる。

6. おわりに

本章では、ハウス食品（上海）の実地調査をふまえて、経営理念の現地化、さらにはその具現化に向けた創意的な試みを先行モデルとして採り上げ、本論の

主要テーマである中国日系企業の創造的経営と人づくりのあり方について考察した。

1つは、ハウス食品の経営理念を分析し、創業者の熱い思いが、今も社員一人ひとりに根付き、中国現地経営の場で実践されていることを明らかにした。

2つは、経営理念を浸透させるためのプロセスを考察し、「経営理念を中国社員へ浸透させるまでのツール」を提示した。このツールは、まず日本本社の経営理念を土台にし、中国版経営理念を作り上げることにある。そのうえで、現地法人が何を目指しているかのビジョンを示し、そこで働く人々はどのような行動が求められるかの行動指針を明示する、その行動指針が個人評価に反映されるという一貫性をもった流れが必要であることを示した。

3つは、経営理念を現地に活かすためには「企業市民化」「グローカル化」が求められ、経営理念を現場に活かすためには「友好化」「個別化」「オープン化」の構成要素が必要であることを具体的な事例を用いて体系化したことである。

これはまさに、経営理念を現地現場に具現化するアプローチとなり、中国の日系企業における創造的経営、人づくりのあり方を考える先行モデルになりえるものであろう。

これは、ハウス食品固有のものとして捉えるより、極めて日本的なアプローチによる普遍性を内包しているものと考える。次の終章において、さらにこれまでの章で述べたことを体系化し、経営理念を現地現場に活かす実践的なモデルとして普遍化を試みる。

注

- *1 井上岳久（2012）『カレーの経営学』東洋経済新報社と、ハウス食品HPを参考にしてハウス食品の足跡を検証する。
- *2 1913年頃の日本経済は、1914年までの不況にあったが、翌15年になると、事態は一変し、明治時代には経験したことのない大型景気が到来し、日本の近代経済成長は二局面（1914年～36年）に入った時期とされ、産業構造にも変化がみられ重化学工業化が急激に進展している。太田愛之他著（1997）『日本経済の二千年改定版』勁草書房、220頁。
- *3 ハウス食品 平成26年3月期 決算短信（2013年4月～2014年3月）連結。
- *4 自己資本比率（純資産÷総資産）。
- *5 井上岳久（2012）、前掲書、39頁。
- *6 渋沢栄一（2010）『現代語訳 論語と算盤』筑摩新書、96頁。
- *7 田中一弘共著（2014）『グローバル資本主義の中の渋沢栄一』東洋経済新報社、51頁。
- *8 ハウス食品平成24年3月決算短信。
- *9 古田秋太郎（2004）『中国における日系企業の経営の現地化』中京大学企業研究所、129頁。
- *10 十名直喜（2012）『ひと・まち・ものづくりの経済学』法律文化社、285頁。
- *11 十名直喜（2012）、前掲書、285頁。
- *12 グローカルとは、グローバル（global）とローカル（local）からの造語。国境を越えた地球規模の視野と、草の根の地域の視点で、さまざまな問題を捉えていこうとする考え方。
- *13 松下幸之助（1998）『経営の神髄』PHP総合研究所、266頁。
- *14 程永帥（2012）『中国のおける日系メーカーのニューリーダーシップ論』名古屋学院大学大学院、138頁。
- *15 ピーター・F・ドラッカー（2008）『マネジメント[上] —— 課題、責任、実践』ダイヤモンド社、6頁。
- *16 家庭用と業務用で参入した2005年当初はカレールーの売上高は、2億円程度だった。
- *17 日本経済新聞 朝刊（2014.11.6）。
- *18 ハウス食品ホームページより（2015.1.15取得）。
- *19 ハウス食品の現地第2工場となる「大連堀江大和屋食品」は、2012年に買収したつくだ煮の堀江大和屋の空いている工場を活用。
- *20 古田秋太郎（2004）前掲書、2頁。

終章

経営理念をグローバルに活かすモデルの創造

具現化から普遍化への展開と課題

1. 変化の時代を生き抜く

　企業のグローバル化、国際競争、人材の流動化、働き方改革等々、世界そして日本を取り巻く社会・経済環境が目まぐるしく変化するなかで、企業やそこで働く一人ひとりがそれぞれの立場で最適な判断を下し行動することが求められる。
　そうした変化の激しい時代だからこそ、時代に揺さぶられない普遍的で変わらぬもの、いわば拠りどころとなる羅針盤が必要になる。それに深く応えるのが、経営理念に他ならない。経営理念はそこで働く人々の共通の価値となり、さらに企業や自己変革に向けての質や求心力を高め変化の時代を生き抜く源泉になる。
　本書を締めくくるにあたり、経営理念をグローバルに活かすための普遍化モデルを提示し総括としたい。

2. 経営理念をグローバルに活かすプロセス
　――「骨組み」・「具現化」・「普遍化」への展開

　本書は、中国の日系企業における経営の組織・人材を題材にして、経営理念を重視した創造的経営と人づくりのあり方について掘り下げたものである。
　本書では、日本的経営の原点と本質とは何か、グローバル経営において経営理念をどう位置づけるか、創造的経営とは何か、を明らかにするとともに、相互の繋がりを考察してきた。
　筆者の考える「創造的経営」とは、経営理念という明示化された共有価値を軸にして、各国、地域にねざした経営を創意的に展開することである。それは、常に日常業務にまで影響を与えるものであり、現地現場に活かすプロセスが求められるといえよう。本書は、基本的な骨組みを提示し、具現化、普遍化という3つのステップでもって、その課題に応えようとするものである。

まず序章では、第1ステップとして「経営理念を現地現場に活かす思想と展開モデル」の基本的な骨組みを提示した。

　次に、第2ステップとして、第1章から第6章においては、序章で提示した骨組みについて、なぜこの骨組みなのかを、時代的背景の考察や企業調査の分析を通して具現化を図った。とくに、第6章では、「経営理念を浸透させるまでのツール」によるモデルの具現化を行った。

　第3ステップは、終章においてさらに体系化・普遍化を図り、経営理念をグローバルに活かす実践的なモデルでもある「経営理念を現地現場に活かす思想と展開モデル」を提示する。

3. 現地現場に活かす基本モデルの骨組み

　序章では、本書のエキスをなす「経営理念を現地現場に活かす思想と展開モデル」の基本的な骨組みを示した（図表序-1）。

　まず、このモデルの土台をなすものは、日本企業（本社）の経営理念であると位置づけた。本社の経営理念は、土台をなすもので、すべてに影響を与えるものと位置づけている。

　次に、図表序-1では、現地「中国」版経営理念を作成することを提示した。しかしこれは、中国現地企業に限らずあらゆる国、地域で活用できると考え、進出先の各国、各地域の文化、慣習に合わせた「現地法人」の経営理念へと組み替え直すこととする（図表終-1）。各国各地域の文化、慣習にあわせた経営理念は、現地現場で理解されやすく行動も起こしやすくなる。

　さらに、行動実践するアプローチとして、2つの要素、すなわち「経営理念を現地に活かすアプローチ」、「経営理念を現場に活かすアプローチ」を考えた。これが「経営理念を現地現場に活かす思想と展開モデル」の基本的な骨組み（第1ステップ）となる。

4. 現地現場に浸透させる具現化モデル

　前述の基本モデルをもとに、経営理念を具現化させるモデルとして、「経営理念を中国社員へ浸透させるまでのツール」(図表6-4)を提示し、「目指すもの」「行動指針」「個人の評価指標」の位置づけとプロセスを明確にした。

　しかし、このツールは中国社員に限らず、グローバル展開もできると考え、「中国社員」を「現地社員」と置き換え、「経営理念を現地社員へ浸透させるまでのツール」(第2ステップ)(図表終-2)とする。各国、各地域の経営環境、文化、習慣にあわせ現地社員に理解しやすいレベルに編集したものである。

　次に、どんな会社になりたいか理想の会社像、ビジョンや目指すものは何かなど、経営理念をより具体的にイメージしやすいものへと言語化させる。

　そして、理想の会社になるため私たち社員一人ひとりは、どのような行動が求められるのかを行動指針として明示化する。それによって、その行動指針をもとに、個人の業績評価の指標も明らかになる。この一貫したプロセスが、経営理念を浸透させるためのツールであり、現地で経営理念を具現化するツールに他ならない。

5. 現地現場に活かす展開モデルの普遍化と思想

　「経営理念を現地現場に活かす思想と展開モデル」(第3ステップ)(図表終-3)は、序章および第6章で示したモデル(「基本モデルの骨組み」および「経営理念を現地社員へ浸透させるまでのツール」)を深め、体系化したものである。

　この展開モデルの目的は、創造的経営の確立であり、目標は、主体的に考え、行動できる創造的な人材を育成することである。このモデルのプロセスを継続して行うことで、企業文化の醸成、持続的経営は成されるものとして捉える。

　「経営理念を現地現場に活かす思想と展開モデル」のプロセスは、次の通りである。

図表終-1
「経営理念を現地現場に活かす
思想と展開モデル」の基本的な骨組み
（第1ステップ）

図表終-2
経営理念を現地社員へ浸透させるツール
（第2ステップ）

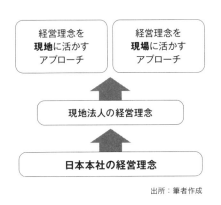
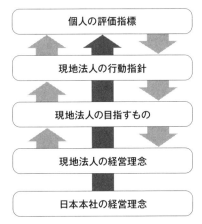

出所：筆者作成

出所：筆者作成

　まず、日本企業（本社）の経営理念を土台として位置づける。日本本社の経営理念をベースとし、各国、各地域の社員にも理解される表現による現地版の経営理念へとブレイクダウンさせる。

　次に、図表終-2で示した、目指すもの（ビジョン）、行動指針（行動指標は、アップデートする）を明示化する。さらに、行動指針を個人評価指標とし、これを日常業務に浸透させ、一貫性をもって行うようにシステム化することである。

　併せ、経営理念を日常業務に浸透させるには、2つのアプローチ「経営理念を現地に活かすアプローチ」「経営理念を現場に活かすアプローチ」を組織全体で徹底して行うことである。

　経営理念を現地に活かすアプローチは、現地社会に受け入れられることを重視するアプローチでもある。「企業市民」として、地域社会との信頼関係を構築していくことが求められる。第2章では、日本的経営の弱みの1つとして、会社内外への情報開示の遅れや閉鎖性を指摘した。工場見学などによる現地社会との交流は、こうした点を克服するうえで大きな意味をもつとみられる。工場で何が行われているかを地域に開示することは、日系企業への安心感、信頼感を得るものとなろう。

さらに、地域に密着した「グローカル化」を図ることである。ハウス食品（上海）で行っている実演販売や、地域のニーズに合った営業戦略は、ローカリゼーションのグローバル展開、すなわち「グローカル化」とみることができる。

一方、経営理念を現場に活かすアプローチは、現場で働くひとを大切にするアプローチといえよう。一緒に食事をし、一緒に社員旅行をして「友好化」を図ることは、日本的経営の特徴とされる人間尊重・平等主義にも通じるもので、社員のモチベーションを引き上げるものとなろう。

さらに、賃金を成果主義にする、専門性を高めるなど、多様なバックグランドをもった社員一人ひとりにフォーカスした「個別化」のアプローチは、会社に対する社員の信頼感とともに、社員一人ひとりの個性や能力を活かす組織の強みになると考える。

日本的な経営の弱みの1つは、暗黙知によるインフォーマル性であった。円滑なコミュニケーションにより、開かれた環境をつくる「オープン化」は、互いの信頼関係を構築するものになるであろう。

これらのアプローチは、社員一人ひとりの創造性と責任感を引き出すものとなり、個人評価指標にも刺激を与えるものである。

以上にみるような視点とプロセスを体系的に編集し、グローバル展開のモデルとして提示したのが、「経営理念を現地現場に活かす思想と展開モデル」（図表終-3）である。このようなプロセスを継続的に展開することで、企業文化は醸成され、持続的経営への基盤が構築されると考える。

このモデルは、極めて日本的なアプローチによるものであるが、現地社会に適用され洗練化・深化が図られるなか、一定の普遍性を内包するに至ったと考える。中国の現地経営のみならず、グローバル展開する企業の経営、人づくりにおいても深い示唆を投げかけるものといえよう。

6. 残された課題とは何か

本書では、「経営理念を現地現場に活かす思想と展開モデル」（図表終-3）を

図表終-3
経営理念を現地現場に活かす思想と展開モデル
（第3ステップ）

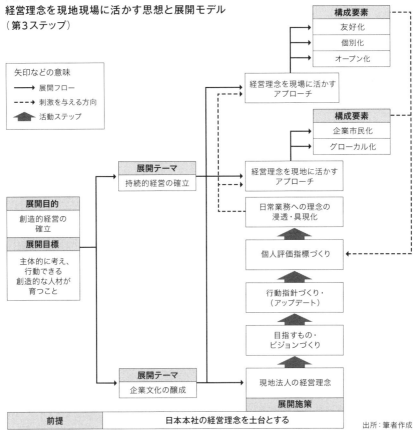

出所：筆者作成

提示し、経営理念をグローバルに活かす普遍モデルを創り出した。これは、本書の価値といえよう。

しかし、今後さらに深めるべき課題も少なくない。残された課題として、以下の4点を挙げる。

6.1 実践モデルの更なる検証と追究

研究対象については、理論的・政策的な着想を検証する現地経営モデルの

探求に向けて、2011年4月日系自動車部品メーカー(松尾(天津)電子有限公司)における日本人総経理、及び中国人中小企業経営者へのインタビュー調査を実施した。さらには、2012年8月、12月に日系食品メーカー(ハウス食品(上海)有限公司)の日本人総経理経験者、2013年5月現総経理にインタビュー調査を行った。その調査をもとに、第6章では、日系食品メーカーの経営と人づくりを先行モデルとして提示した。

とりわけ、第6章の創造的経営の先行モデルとしての事例研究では、具体的な状況を把握するために、現地工場への工場見学と現地法人代表へのインタビュー調査という方法を採った。

上記の先進的モデルは、極めて日本的なアプローチによるものであるが、普遍性を内包しており、他の業界にとっても参考になり適用し得るものと捉えている。しかし、検証が限られたものに留まるゆえ、今後も他の日系企業の実践モデルを調査し、適応範囲を明確にするなど、日系企業における創造的経営と人づくりの更なる検証と追究を続ける必要があると考える。

6.2 日系企業の残された課題への継続的研究

本書で取り上げた日系企業の残された課題は、経営の現地化、人の現地化である。これらの課題が解決されない一要因として、日本人管理職主体の現地経営であることを明らかにした。これには、目先の利益に走らず日本のブランドとしての品質を如何に担保させるかという品質管理の問題が大きく関わっていることが浮き彫りになった。

経営理念を共有価値として浸透させることにより、判断基準もより明確となり、会社の理念に沿って(品質管理問題などの)懸案事項を捉え直し、具現化・共有化を進めることも可能になるのではなかろうか。これらの課題は、今後も継続的検証する必要があると思料する。

また、中国に進出している日系企業は、日中歴史問題、政治的要素などによって経営が左右される側面も少なくない。このような状況は、両国間の問題ばかりでなく、東アジア、世界にも悪影響を及ぼすことになる。

このようなカントリーリスクに対して、日系企業はどのように対応し、経営

理念にどのように反映させていくかなど、今後も深く考えていく必要があると考える。

6.3 経営理念のより広範囲な比較分析と掘り下げ

　グローバル視点に立って人的資源を活かすには、会社は何のために存在するかの基本的な価値の共有が鍵になる。そのような視点から、日本企業のトヨタ、森村グループ、ハウス食品、米国のIBMなどの経営理念を分析し、人的資源の価値を経営理念によって捉え直した。さらに、経営理念の変容プロセスから、企業のイノベーションは経営理念の変革から生まれ、発展しているケースも少なくなく、経営理念が企業の発展に関わる重要な要素の1つであることを明らかにした。

　今後は、経営理念を経営や人的資源に活かしながら持続的発展を遂げている（日本・中国・欧米など）国内外の企業に注目し、経営理念の具現化の違いなども含め、広範囲での比較分析や掘り下げた研究を進める必要があると考える。

6.4 日本的経営論の体系化と21世紀モデルの創造

　本書では、日本的経営の原点と本質を捉え直し、これまでの弱点を克服しグローバル経営にも適応する手がかりの1つとして経営理念に着目した。経営理念を共有価値の軸として地域に根ざした経営を創意的に展開することが、すなわち創造的経営であることを明確にした。

　それをふまえつつ、日本的経営論をさらに深め体系化させ、日本的経営の21世紀モデルを創造していきたいと考える。

　以上の課題を念頭に置きながら、今後もグローバル視点にたち日系企業の経営、人づくりをめぐって、より体系的かつ綿密な分析を行い、本書の成果をさらに高めるべく努力していく考えである。

参考文献

- 青葉ビジネスコンサルティング編（2009）『日本企業のための中国労働法』蒼蒼社
- 阿古智子（2009）『貧者を喰らう国』新潮社
- 朝日新聞編（2011）「日本の百年企業」朝日新聞出版
- アジア経済研究所編（2014）『アジア動向年報2014』アジア経済研究所
- 安部悦生（2010）『経営史〈第2版〉』日本経済新聞出版社
- 阿部武司・中村尚史編（2010）『産業革命と企業経営』ミネルヴァ書房
- 安保哲夫他（1991）『アメリカに生きる日本的生産システム』東洋経済新報社
- 安室憲一（1992）『グローバル経営論』千倉書房
- 荒川直樹（1998）『中国で製造業は復活する』三田出版社
- 柯隆（2009）「中国経済分析の視座―インフレと雇用の政策的意味―」NO.342 富士通総研
- 石井寛治（1991）『日本経済史 第2版』東京大学出版会
- 石田英夫（1999）『国際経営とホワイトカラー』中央経済社
- 伊丹敬之（2002）『人本主義企業』日本経済新聞社
- 伊丹敬之編（2013）『日本型ビジネスモデルの中国展開』有斐閣
- 市村真一編（1998）『中国から見た日本的経営』東洋経済新報社
- 井手芳美（2011）「転換期における中国労働事情」『経営論集第14号』名古屋学院院生協議会
- 井手芳美（2012）「中国における経営倫理の新たな潮流と課題」『経済経営論集15号』名古屋学院院生協議会
- 井手芳美（2013）「中国における日系企業の経営理念と人づくり」『経済経営論集16号』名古屋学院院生協議会
- 井手芳美（2014）「日本的経営にみるグローバル化と経営理念」『経済経営論集17号』名古屋学院院生協議会
- 射手矢好雄（2010）「中国法の最新情報（上）」商事法務 NO.1902
- 伊藤正一（1998）『現代中国の労働市場』有斐閣
- 伊藤健市（2010）『アメリカの経営・日本経営：グローバルスタンダードの行方』ミネルヴァ書房
- 伊藤賢次（2001）「トヨタ自動車における経営理念と労使協調―『労使宣言』を中心に―」岐阜聖徳学園大学経済情報学部紀要『REIS』第2期代1-4号
- 伊藤賢次（2003）「トヨタとホンダにおける自社技術開発路線と経営理念」岐阜聖徳学園大学経済情報学部
- 稲盛和夫（2010）『アメーバ経営』日本経済新聞出版社
- 稲盛和夫（2014）『京セラフィロソフィー』サンマーク出版
- 井上岳久（2012）『カレーの経営学』東洋経済新報社
- 庵原孝文（2010）『日本企業の中国巨大市場への展開』名古屋学院大学大学院経済経営研究科
- 王子製紙株式会社社史編纂（2001）『王子製紙社史』王子製紙株式会社
- 大野耐一（1978）『トヨタ生産方式』ダイヤモンド社
- 温鉄軍（2010）『中国にとって農業・農村問題とは何か』作品社
- 太田愛之・川口浩・藤井伸幸（2006）『日本経済の二千年 改訂版』勁草書房
- 加々美光行（2010）『裸の共和国』世界書院
- 鹿島茂（2011）『渋沢栄一I算盤篇』文芸春秋
- 金井壽宏（1986）「経営理念の浸透とリーダーシップ」小林規威・土屋守章・宮川公男編『現代経営事典』日本経済新聞社、171頁。
- 川名英之（2011）『世界の環境問題―第7巻 中国』緑風出版
- 北城恪太郎・大歳卓麻（2006）『IBMお客様の成功に全力を尽くす経営』ダイヤモンド社
- 厳善平（2009）『農村から都市へ』岩波書店
- 小池和男（2008）『海外日本企業の人材形成』東洋経済新報社

- 小池和男（2006）『聞きとりの作法』東洋経済新報社
- 小池和男編（2007）『国際化と人材開発』ナカニシヤ出版
- 小池和男（2013）『強い現場の誕生』日本経済新聞出版社
- 国分良成編（2011）『中国は、いま』岩波新書
- 国際連合経済社会情報・政策分析局人口部編著・原書房編集部訳『国際連合・世界人口予測1990-2060 第1分冊』原書房
- 後藤康浩（2005）『強い工場』日経経済新聞社
- 五味嗣夫（2005）「中国で活きる日本型経営システム」神戸大学
- 小宮一慶（2011）『社長の教科書』ダイヤモンド社
- 佐々木圭吾（2011）『経営理念とイノベーション』生産性出版
- 佐藤正明（1993）『巨人たちの握手』日本経済新聞社
- 渋沢栄一（2010）・守屋淳訳『現在語訳 論語と算盤』筑摩書房
- 渋沢栄一（2010）・守屋淳編訳『渋沢栄一の「論語講義」』平凡社
- 渋沢研究会（1999）『公益の追求者・渋沢栄一』山川出版社
- 渋沢秀雄（1998）『渋沢栄一』公益財団法人渋沢栄一記念財団
- 公益財団法人渋沢栄一記念財団渋沢史料館（2013）『渋沢栄一と王子製紙株式会社』渋沢史料館
- 島田晴雄（1988）『ヒューマンウエアの経済学』岩波書店
- 下川進（2010）「明治・大正期の日本紡績企業による労働者の生活過程管理」日本経営学会誌
- 周見（2010）『張謇と渋沢栄一』日本経済評論社
- 周宝玲（2007）『日系企業が中国で成功する為に──異文化経営が直面する課題』晃洋書房
- 白木三秀（2013）『人的資源管理の基本』文眞堂
- 城山三郎（2003）『雄気堂々 上・下』新潮社
- 砂川幸雄（1998）『森村市左衛門の無欲の生涯』草思社
- 関満博（2002）『世界の工場／中国華南と日本企業』新評論
- 関満博・範建亭（2003）『現地化する中国進出日本企業』新平論
- 関志雄（2005）『中国経済革命最終章』日本経済新聞社
- 関志雄（2009）『チャイナ・アズ・ナンバーワン』東洋経済新報社
- 総務省統計局編（2013）「労働力調査年報」総務省統計局
- 戴秋娟（2009）『中国の労働事情』社会経済生産性本部生産性労働情報センター
- 戴秋娟（2005）『変動する中国の労働市場』社会経済生産性本部生産性労働情報センター
- 高井伸夫（2002）『中国で成功する人事労務の戦略戦術』講談社
- 高尾義明・王英燕（2012）『経理理念の浸透』有斐閣
- 高木良一（1967）『日本企業の海外進出』財団法人日本国際問題研究所
- 高田馨（1978）『経営目的論』千倉書房
- 高見澤磨・鈴木賢（2010）「中国にとって法とは何か」岩波書店
- 橘川武郎・島田昌和・田中一弘（2013）『渋沢栄一と人づくり』有斐閣
- 橘・久保編（2010）『グローバル化と日本型企業システムの変容1985〜2008』ミネルヴァ書房
- 田中角栄（1972）『日本列島改造論』日刊工業新聞社
- 田中一弘共著（2014）『グローバル資本主義の中の渋沢栄一』東洋経済新報社
- 塚本隆敏（2012）『中国の労働問題』創成社
- 土屋喬雄（1967）『日本経営理念史』麗澤大学出版会
- 程永帥（2012）『中国における日系メーカーのニューリーダーシップ論』名古屋学院大学大学院
- 田園（2011）『中国日系企業の人材育成』桜美林大学北東アジア総合研究所
- 東京芝浦電気（1977）『東芝百年史』株式会社ダイヤモンド社
- 十名直喜（1993）『日本型フレキシビリティの構造』法律文化社
- 十名直喜（2008）『現代産業に生きる技「型」と創造のダイナミズム』勁草書房

- 十名直喜（2009）「中国産業革命と人間発達の経済学」『経済科学通信』NO.120
- 十名直喜（2010）「"働きつつ学ぶ"現場研究のダイナミズムと秘訣（上）」『経済科学通信』第122号
- 十名直喜（2012）『ひと・まち・ものづくり経済学』法律文化社
- 十名直喜（2013）「グローバル経営下の企業城下町にみる再生への相違的試み」名古屋学院大学総合研究所
- 戸部良一・寺本義也・鎌田伸一・杉之尾孝生・村井友秀・野中郁次郎（2011）『失敗の本質』中央公論新社
- トヨタ自動車75年史編纂委員会（2013）『トヨタ自動車75年史』トヨタ自動車
- 中川敬一郎編著（1972）『経営理念』ダイヤモンド社
- 中根千枝（1967）『タテ社会の人間関係』講談社現代新書
- 21世紀中国総研編（2010-2013）『中国情報ハンドブック』蒼蒼社
- 日経BPビジョナリー経営研究所（2011）『グルーバル人材マネジメント』日経BP社
- 日経トップリーダー編（2011.7）「中国の中小企業経営者100人の本音」日経BP社
- 日経トップリーダー編（2013.12）「燃えろ！経営者」日経BP社
- 日中投資促進機構編（2013）『投資環境に関する調査報告書「経営の現地化について」』日中投資機構
- 日本能率協会コンサルティング中国事業グループ（2009）『中国の工場事情』PHP研究所
- 日本貿易振興機構編（1990）『ジェトロ投資白書1990年版』日本貿易振興機構
- 日本貿易振興機構海外調査部アジア大洋州課・中国北アジア課編（2011）『在アジア・オセアニア日系企業活動実態調査（2011年度調査）』日本貿易振興機構
- 日本貿易振興機構編（1990）『ジェトロ投資白書』1990年版』日本貿易振興機構
- 日本貿易振興編（2013）『中国データ・ファイル』日本貿易振興機構
- 日本経済新聞社編（2010）『200年企業』日本経済新聞出版社
- 日本労働協会編（昭和62年）『中国の労働事情―対外開放政策と日系企業』日本労働協会
- 日本経済研究センター清華大学国情研究センター編（2009）『中国経済成長の壁』勁草書房
- 日本ガイシ株式会社（1995）『日本ガイシ75年史』日本ガイシ株式会社
- 日本経営研究史研究所編（1988）『日本アイ・ビー・エム50年史』日本アイ・ビー・エム株式会社
- 日本陶器株式会社編（1974）『日本陶器70年史』日本陶器株式会社
- 日本特殊陶業株式会社（1987）『日本特殊陶業株式会社50年史』日本特殊陶業株式会社
- 株式会社日本能率協会総合研究所MDB（マーケティング・データ・バンク編（2009）『新労働契約法に基づく最新中国人材マネジメントガイドブック』（株）日本能率協会総合研究所
- 野中義晴（2007）『中小企業の中国進出Q＆A』蒼蒼社
- 野中郁次郎・遠藤功（2011）『日本企業にいま大切なこと』PHP研究所
- 野中郁次郎・竹内弘高（1996）『知識創造企業』東洋経済新報社
- 福島香織（2013）『中国絶望工場の若者たち』PHP研究所
- 福島香織（2010）『中国ストライキは、「一人っ子」「甘えっ子」の乱』文芸春秋
- 福谷正信編（2008）『アジア企業の人材開発』学文社
- 藤本隆宏（1997）『生産システムの進化論』有斐閣
- 藤本隆宏（2013）『現場主義の競争戦略』新潮社
- 古沢昌之（2008）『グローバル人的資源管理論』白桃書房
- 古田秋太郎（2004）『中国における日系企業の経営の現地化』中京大学企業研究所
- 細井和喜蔵（2009）『女工哀史』岩波書店
- 北海道大学東アジアメディア研究センター渡辺浩平編（2011）『中国ネット最前線』蒼蒼社
- 槙谷正人（2012）『経営理念の機能』中央経済社
- 松下幸之助（2009）『道をひらく』PHP研究所
- 松下幸之助（1998）『経営の神髄』PHP総合研究所
- 三井泉編（2013）『アジア企業の生成・伝播・継承のダイナミズム』文眞堂
- 宮田矢八郎（2004）『理念が独自性を生む』ダイヤモンド社
- 森村市座衛門（1978）『獨立自営』ダイヤモンド社

- 守屋淳編（2013）『渋沢栄一『論語と算盤』と現代の経営』日本経済新聞出版社
- 森・濱田松本法律事務所（2014）『中国経済六法』日本国際貿易促進協会
- 面澤淳市・大西勝明・高橋潤一郎（2008）『リーディング・カンパニーシリーズ「東芝」』出版文化社
- 矢吹晋（2010）『中国力　チャイナパワー』蒼蒼社
- 山内昌之（2011）『リーダーシップ』新潮社
- 山下昇・龔敏（2010）『変容する中国の労働法』九州大学出版社
- 渡辺喜七（2000）『アメリカの工業化と経営理念』日本経済評論社
- アレクサンドラ・ハーニー著、漆嶋稔訳（2008）『中国貧困絶望工場』日経BP社
- アマルティア・セン著、大石りら訳（2008）『貧困の克服』集英社
- D・カーネギー著、山口博訳（2009）『人を動かす』創元社
- イギリスエコノミスト編集部、東江一紀・峯村利哉訳（2012）『2050年の世界』文藝春秋
- エズラ・ファイヴェル・ヴォーゲル著、広中和歌子・木本彰子訳（1979）『ジャパンアズナンバーワン』TBSブリタニカ
- ジェームス・C・アベグレン／ジョージ・ストーク著、植山周一郎訳（1990）『カイシャ』講談社
- ジェームス・C・アベグレン著、戸部都美訳（1958）『日本の経営』日本経済新聞社
- ジム・C・コリンズ／ジェリー・I・ポラス著、山岡洋一訳（1995）『ビジョナリーカンパニー』日経BP出版センター
- カール・マルクス著、今村仁司・三島憲市・鈴木直一訳（2010）『資本論第1巻上』筑摩書房
- カール・マルクス著、今村仁司・三島憲市・鈴木直一訳（2009）『資本論第1巻下』筑摩書房
- ケビン・メイニー著、有賀裕子訳（2006）『貫徹の志　トーマス・ワトソン・シニア』ダイヤモン社
- ダニエル・ベル著、内田忠夫他訳（1975）『脱工業社会の到来［上・下］』ダイヤモンド社
- レスリー・T・チャン著、栗原泉訳（2010）『現代中国女工哀史』白水社
- ルイス・ガースナー、山岡洋一、高遠裕子訳（2002）『巨象も踊る』日本経済新聞社
- マックス・ヴェーバー著、大塚久雄訳（1989）『プロテスタンティズムの倫理と資本主義の精神』岩波文庫
- F. エンゲルス著、武田隆夫訳（1960）『イギリスにおける労働階級の状態』新潮社
- マイケル・J・ピオリ／チャールズ・F・セーブル著、山之内靖ほか訳（1997）『第二産業分水嶺』筑摩書房
- ピーターズ＆ウォーターマン著、大前研一訳（1988）『エクセレントカンパニー』講談社
- ピーター・F・ドラッカー著、上田惇生訳（2001）『マネジメント　エッセンシャル版』ダイヤモンド社
- ピーター・F・ドラッカー著、上田惇生訳（2006）『現代の経営・下』ダイヤモンド社
- ピーター・F・ドラッカー著、上田惇生訳（2007）『断絶の時代』ダイヤモンド社
- ピーター・F・ドラッカー著、上田惇生訳（2008）『企業とは何か』ダイヤモンド社
- ピーター・F・ドラッカー著、上田惇生訳（2008）『マネジメント［上］―課題、責任、実践』ダイヤモンド社
- パトリシア・ジョーンズ／ラリー・カハナー著、堀紘一訳（2001）『世界最強の社訓』講談社
- リチャード・T・パスカル／アンソニー・G・エイソス著、深田祐介訳（1983）『ジャパニーズ・マネジメント』講談社
- リチャード・マクレガー著、小谷まさ代訳（2011）『中国共産党』草思社
- サミュエル・ハンチントン著、鈴木主税訳（1998）『文明の衝突と21世紀の日本』集英社
- トーマス・ワトソン・ジュニア（1963）土居武夫訳『企業よ信念をもて』竹内書店
- トーマス・ワトソン・ジュニア／ピーターピーター著、高見浩訳（2006）『先駆の才　トーマス・ワトソン・ジュニア』ダイヤモンド社
- 渋沢栄一著、李建忠訳（2013）『左手論語・右手算盤』北京・九州出版社
- 中国国家統計局人口和就業統計司・人力資源和社会保障規則財務局司編『中国労働統計年鑑』（2009-2011）中国統計出版
- 中国国家統計局編（2009-2013）『中国統計年鑑』中国統計出版社
- 中国国家統計局貿易外経統計司（2009-2013）『中国対外経済統計年鑑』中国統計出版
- 中国法律年鑑編集部（2013）「中華人民共和国労働合同法」『中国法律年鑑』中国法律年鑑社出版

あとがき

　本書のベースをなす博士論文の執筆には、5年の歳月を投じた。その間は、私事でもまさに激動の5年であった。勤務していた会社が業績不振で退職せざるをえなくなり、そこで起業することを決意して仕事と博士論文執筆の両立を図った。母の介護も加わり、月に2回の東京-名古屋の往復は時間的、金銭的にも容易ではなかった。しかし、そうした困難以上に、学び研究することを通して自己を見つめ直し掘り下げていくことが面白かった。

　リストラにあった頃は、丁度日本の産業革命を労働者の視点で考察しており、『女工哀史』を読んでいた。過酷な労働を強いられた頃の女性たちと今は何が変わったのだろうか、さほど変わっていないのではなかろうかなどを追究することで自らの感情を研究に傾けた。

　リストラから次の方向を決める決断も早くでき、これまでの経験をいかし組織マネジメントやコミュニケーションのコンサルティング、研修講師として起業することにした。起業当初は、渋沢栄一や森村市左衛門らの明治の経営者の姿勢を学び、自分の仕事と結びつけながら経営には何が大切であるかを考えることができた。

　人生の試練はあったものの学び研究するなかで、視野が広がり洞察力が高まり自らの考え方捉え方も変容していったように思う。

　しかし、その大変な時期を乗り越えることができたのは、恩師の十名直喜教授をはじめ、ゼミの先輩、大学院事務局の皆様、学友、仕事仲間の支援があったからであり、それがなければ本研究は成り立たなかった。この場をお借りして感謝申し上げたい。

　とくに、5年間ご指導いただき、出版のご尽力もいただいた恩師の十名直喜教授には、心より深謝申し上げる。中国語専攻から、経営経済専攻に変更した筆者に、「社会科学とは何か」、「経営学とは何か」「研究者としてどうあるべきか」など、研究に取り組む姿勢、あり方をご教示いただいた。そして、中国への調査研究にも同行させていただき、現場研究の重要性や調査の仕方をOJT

で教えていただいた。そのような恩師の時に厳しく、時に温かく、愛情あふれるご指導なくしては、博士論文の完成は果たせなかったと断言できる。

　また、本研究の調査では、日本そして中国の多くの方々のお世話になった。とくに、ハウス食品（上海）総経理のお2人からは、貴重なお話を聞かせていただいた。そのご協力がなければ本研究は成立しなかったであろう。関係各位に心から御礼を申し上げたい。

　さらに、本書は、1年の時間を投じて洗練化を進め、普遍化を図った。出版にあたっては、多くの助言をいただいた水曜社の仙道弘生社長はじめスタッフのみなさまに感謝申し上げる。まさに、本書は、多くの方々のご指導とご支援の賜物に他ならない。すべての方のお名前をご紹介でいないのが心苦しい限りであるが、この場を借りて支援して下さったすべての方々に深く感謝申し上げる。

　筆者に求められているのは、企業の経営、人づくりにみる課題を現場目線で捉え、学術的に分析し、現場と学術を繋げることである。今後も、「働きつつ学び研究する」活動と思いを大切にし、現場に根づいた研究を目指して、企業の経営、人づくりに貢献していきたい。そのことが、現場と学術の橋渡しとなり、顧客に喜ばれる仕事につながると考えている。

　最後に私事で恐縮ではあるが、本書の出版に向けて作業を進めていた2016年9月1日、前日まで元気だった母の容態が急変し、帰らぬ人となった。博士号を取得したときも「私の自慢の娘」と誉めてくれ、常に私のことを優しく見守り応援してくれた。本を出版することも楽しみにしていてくれていただけに、元気なうちに本書を見せたかったという思いが残る。ただ、母の1周忌に本書を刊行することができたことが何よりも有難い。

　亡き両親──尊敬する父・井手滾（ひとし）、愛する母・サヤ子──の墓前に、本書を捧げる。

井手　芳美

索引

GM (General Motors) ……… 42, 51-52, 54
IBM (International Business Machines)
　………………………………… 18, 71, 84-93
IBMers Value ……………………… 89-90
NUMMI (New United Motor Manufacturing)
　……… 27-28, 31, 33, 42, 51, 53-56, 58, 63, 66, 179
OJT (On the Job Training) ……… 49, 52-53
QCサークル (Quality Control) ……… 49, 52, 59
SECIモデル ………………………………… 47
THINK ……………………………………… 87
UAW (United Auto Workers) ……… 51-52
WTO (World Trade Organization) ……… 121

アダム・スミス ……………………………… 76
アマルティア・セン ………………………… 105
暗黙知 ………………………………… 47, 58
イギリスの工業化 ……… 100, 102, 104-105, 125
石田梅岩 …………………………………… 74
一業一社 …………………………………… 78
五つ星工場 ………………………………… 124
岩崎弥太郎 …………………………… 73, 148
失われた20年 ……………………………… 45
エンゲル係数 ………………………… 109-110
エンゲルス ………………………………… 100
カイゼン ………………………………… 48, 60
陰の工場 …………………………………… 124
合本主義 …………………………………… 73
ガン村 ………………………………… 124, 126
企業市民 …………………………………… 187
企業文化 ……… 18, 58, 85, 87-88, 91, 186, 188
企業別組合 ……………………………… 44, 48
企業倫理 …………………………………… 147
教育制度 …………………………………… 102
グローカル化 ……… 168-170, 178, 188
グローバル経営 ………………………… 17, 70
経営理念 ……… 17-19, 22-25, 32, 34-35, 84-85, 91, 134, 149-150, 154, 157-158, 161, 164, 170-171, 180, 184-185, 187, 190-191
経営理念の現地化 ………………………… 179
形式知 ……………………………… 47, 58, 63
権限委譲 …………………………………… 174
権限死守 …………………………………… 174
工会 ………………………………………… 60
工業化 ………………………………… 98-99
孔子 ………………………………………… 75

工場見学 …………………………………… 164
工場法 ……………………… 100-102, 105, 120
行動指針 …………………………………… 164
コーポレート・シチズンシップ ……………… 27
胡錦濤 ……………………………………… 108
国富論 ……………………………………… 76
戸籍制度 …………………………………… 112
戸籍問題 …………………………………… 108
コミュニケーション ……………… 145-147, 176
最低賃金 …………………………… 118, 126
サミュエル・J・パルミサーノ ………… 88-90
三農問題 …………………………………… 109
持続的経営 ………………… 18, 28, 186, 188
ジニ係数 ……………………… 109-110, 112
渋沢栄一 ……… 18, 23, 70-78, 81-83, 91-92, 98-99, 148, 158, 175
資本論 ……………………………………… 100
社員食堂 …………………………………… 172
社員旅行 …………………………… 143, 172
社会主義市場経済 ………………………… 103
終身雇用 …………………………………… 44
守・破・離 ……………………………… 90, 93, 134
商法会所 …………………………………… 73
処世十戒 ………………………………… 81-82
ジョブローテーション ……………………… 49
人材マネジメント ………………………… 134
人事評価 …………………………………… 55
人的資源 ……………… 25, 37, 49-50, 56, 91, 147
成果主義 …………………………………… 172
清尚博尼工程設計（北京）有限公司 ……… 149
石門心学 …………………………………… 74
創造的経営 ……… 16-18, 22, 154, 180, 184, 186
対中直接投資 ………………………… 136-137
大連方式 …………………………………… 63
タテ型ネットワーク ………………… 16, 45, 65
タテ型ネットワーク社会 …………………… 45
タテ社会 …………………………………… 45
ダニエル・ベル …………………………… 98
多能工 ……………………………… 53, 145-146
多能工化 …………………………………… 49
単能工 ……………………………… 53, 145-146
チームワーク ……………………… 49, 54, 145
中国系企業 ………………………………… 19
中国の工業化 ………………………… 103, 125
忠誠心 ……………………………………… 44
長期計画 …………………………………… 44
長期雇用 ………………………………… 48, 50

198

出稼ぎ労働者 ……… 103, 112-115, 117, 126, 142	報徳思想 ……………………………………… 74
天安門事件 ………………………………… 121	報連相 ……………………………………… 145
天津トヨタ ……………………………… 29-30	ボトムアップ ………………………………… 59
東芝大連社	ホワイトカラー…………………… 54, 64, 134
………… 18, 43, 47-48, 56, 58-61, 63-64, 66	ホンダ ……………………………………… 116
鄧小平 ……………………………………… 121	ポンプアップ経営 …………………………… 59
道徳経済合一説 ………… 73, 75, 77, 81, 83	松尾製作所 ……………………… 139-140, 146
トーマス・ワトソン・シニア ……………… 86, 87, 90	松尾（天津）電子有限公司
トーマス・ワトソン・ジュニア ……………… 85, 90	……………………… 137, 139, 140, 141, 146
徳川昭武 …………………………………… 72	松下幸之助 …………………………… 23, 171
獨立自営 ………………………………… 80, 81	ミキモト ……………………………………… 79
トップダウン ………………………………… 59	３つの信条 ……………………………… 85-86, 90
都鄙問答 …………………………………… 74	メイド・イン・ジャパン ……………………… 79
トヨタ ………… 16, 18, 22, 25-26, 28, 31-32, 42,	毛沢東 ……………………………………… 120
51-53, 58, 64, 70, 116	森村市左衛門 ……………… 18, 70, 78-83, 91-92
トヨタウエイ ………………………………… 33	森村グループ …………………………… 78-79
トヨタ基本理念 ………… 26-28, 30, 32-33, 35	森村ブラザース ………………………… 78-79
トヨタグローバルビジョン ……………… 29, 34, 35	ヨコ社会 ……………………………………… 45
豊田綱領 ………………………… 25, 26, 32	利義合一 …………………………………… 76
トヨタ自動車 ……………………………… 25	リジディティ ………………………………… 46
トヨタ哲学 ………………………………… 27	ルイス・ガースナー ……………………… 88, 90
二宮尊徳 …………………………………… 74	労使宣言 …………………………………… 32
日本IBM …………………………………… 84	労働契約法 ………… 61, 63, 104-105, 121-124
日本的経営 ……… 14, 16-18, 20, 22, 33, 37, 42,	労働法 ………………………………… 104-105
44, 48, 50, 56, 64-65, 74, 84, 175	論語 ……………………… 71, 73, 75, 93, 148
日本の工業化 ……… 101-102, 105, 120, 125	論語と算盤 ………………… 71, 75-78, 148
人間尊重 ………………… 52, 61, 64, 147, 171	和諧（調和のとれた）社会 ……………… 108
年功序列 ……………………………… 44, 48-49	我社の精神 ………………………………… 80
ノリタケ ……………………………………… 79	ワトソン経営 ………………………………… 91
80后90后世代 …………………………… 116-118	
ハウス食品 ………… 18, 154-157, 162, 167	
ハウス食品（上海）	
…………… 154, 159-160, 162, 165, 171, 178	
ハウス食品の意（こころ）………………… 157-158	
パナソニック………………………………… 23	
場の共有 ……………………… 16, 45, 49	
バリューズ・ジャム ………………………… 89	
ピーター・ドラッカー ………………… 76, 175	
ビジョン……………………………………… 164	
非正規労働者 ……………………………… 50	
ヒューマンウエア…………………………… 46	
富士康国際………………………………… 115	
福沢諭吉…………………………………… 78	
福利厚生…………………………………… 143	
フレキシビリティ ……………………… 46, 48	
文化大革命………………………………… 120	
平均賃金 ………………………………… 118	

索引　199

◎著者紹介

井手 芳美（いで よしみ）

オフィスヒューマンブリッジ代表。研修講師（組織コミュニケーション、コーチングなど）、名古屋学院大学専門研究員。東邦大学非常勤講師。1998年愛知大学経済学部Ⅱ部経済学科卒業。在学中に中国天津南開大学へ公費留学。2002年－2006年、中国上海日系コンサルティング会社駐在員。

論文に「中国の日系企業にみる創造的経営と人づくり―「経営理念」を活かしたグローバル化の新地平―」（博士論文、2015年）「日本企業のグローバル化と経営理念の創造的展開」（十名直喜編『地域創生の産業システム』水曜社、2015年、第6章）など。

経営理念を活かしたグローバル創造経営
現地に根付く日系企業の挑戦

発行日	2017年9月1日　初版第一刷発行
著者	井手芳美
発行人	仙道弘生
発行所	株式会社 水曜社 160-0022 東京都新宿区新宿1-14-12 TEL 03-3351-8768　FAX 03-5362-7279 URL suiyosha.hondana.jp/
装幀	井川祥子
印刷	日本ハイコム 株式会社

©IDE Yoshimi 2017, Printed in Japan
ISBN 9784880654270 C0036

本書の無断複製（コピー）は、著作権法上の例外を除き、著作権侵害となります。
定価はカバーに表示してあります。落丁・乱丁本はお取り替えいたします。